儒家工夫要義

吳新成 著

臺灣學生書局 印行

卷前語：

儒家使人人找回尊嚴與自信

　　這裡的「儒家」，指的是「儒家思想」；「人人」指的是一切人，不僅僅是讀了許多書的人，甚至不僅僅是斷文識字的人；「找回」，意思是原本是有的，後來丟掉了；「尊嚴與自信」，是人人安身立命的基礎，立定此基礎可免除無所歸依的身心惶惑。

　　儒學在今天還有什麼用？進而說到，學儒還有什麼用？曰：「儒家使人人找回尊嚴與自信」便是。

　　學習儒學，是說探究、體悟、葆有儒家思想蘊含的高尚情懷；這也等於說，讓自己的心，時常呈現由惻隱、羞惡、恭敬、是非等情感而來的情操。多找回一分高尚情懷，人的尊嚴與自信便增長一分。

　　首先，這是可能的。因為這一分情懷的根源在於人類自己的內心。儒家表裡一致的認為「從來就沒有什麼救世主，也不靠神仙皇帝」，如孔子說的「我欲仁，斯仁至矣」，孟子說的「仁義禮智根於心」。所以這一分「尊嚴與自信」不從我的本心之外找，也不依賴人世間的條件而存活，不因擁有鈔票、槍

炮、權勢而脹大，也不因艱難困苦而消失。在長長的中國歷史中，這一分情懷之呈現，有時或如爐餘星火、石底根芽，卻總是綿綿不絕，堅強地挺立在衰敗乃至壓迫與屈辱之中，為中國文化的傳承發揮自己偉大的影響力，是謂：為天地立心。其次，這一分情懷將不離不棄。知識可以提供些尋找的方便，但是和情懷的生發、充盈的本質是無關的。近當代人們的知識都比較增長了，一生獲取的知識而後丟失得漸漸快而多，到頭來留不下什麼，唯有這一分情懷不會磨滅；源於內心的尊嚴與自信，是人人存留於內心不失且增長的財富。更次，找回這一分情懷並不難。至少自宋明儒以降，千年來已經有許多的先輩給我們留下了相當多的經驗，他們展現的高尚情懷，讓世代修習者肅然起敬；同時，經由他們的指點，可以找到對儒學精神的認知和探究儒學的更合適的方法。

剋就今日的時代說，學儒當以理學為先，學理學當以做工夫為先。

這本小書，是一份菲薄的匯報，謹恭奉於先賢先儒、前輩師長之前；也是一份言不盡意的小結，謹與師友們分享。

二零一九年十一月於習善堂

序　言

　　我自中年志學以來，於讀錢穆、徐復觀兩位先生的著作受教為最深。第一次讀到錢穆之名，是在朱學勤先生的一篇上世紀九十年代載在《讀者文摘》的短文，〈想起了魯迅、胡適和錢穆〉。開始讀了鄧爾麟先生的《錢穆與七房橋世界》、錢穆的《八十憶雙親、師友雜憶》，從此被錢先生領入了儒家的世界。二十幾年來我與此相關的文字多未示人，唯有一篇〈錢賓四先生對儒家文化傳統的最大貢獻之我見〉載在《鵝湖》2014年2月號，我在此文中寫道：「中國儒家的道德理性，足以解決困惑人類社會的『生與死』的問題。錢賓四先生系統研究並抉發了中國儒家對此的思考，進而提出了他自己獨到的觀點。我認為，這是錢先生對儒家文化傳統的最大貢獻」（此文後收入臺灣學生書局梓行之拙著《儒家工夫論》）。錢先生講這問題的這套學問，當然是他所謂以「我們的身體和家庭為實驗室」、以儒家的心性之學自我訓練的結晶。錢先生認為講求儒家的心性之學，必須承認孟子的性善論，「此乃中國傳統文化人文精神中，惟一至要之信仰」。不過，錢先生說人性善，更側重在「人性可向善」、「人之生性都可以向善的路上跑」。這是因為他將人之性中的人性與獸性都歸在人性中，所以人性

不能純善，實際是人性的「善惡混說」。這個古老的問題，在我自己，是直到寫作〈「善」，儒家工夫之道境〉一文時才梳理得比較清楚。人性便是善的性，便是異於禽獸之性，我現在看來是確切無疑的。這一點雖與錢先生的意見不盡同，但他以不朽論和性善論兩論題互相配合，以發揮出中國道德精神之最高涵義的諸論述，我依然深深拜服。

我讀徐復觀先生的著作較晚，是從陳克艱先生所編《中國學術精神》開始的。浸染日久，徐先生的治學方法、思考力、學術的開創性、乃至文風等等，莫不給我以巨大的影響。徐先生對於儒家工夫的表述在《中國人性論史》第十四章中有這樣一段話：「以自身為對象，尤其是以自身內在的精神為對象，為了達到某種目的——在人性論，則是為了達到潛伏著的生命根源、道德根源的呈現——而加內在的精神以處理、操運的，這才可謂之工夫。人性論的工夫，可以說是人首先對自己生理作用加以批評、澄汰、擺脫；因而向生命的內層迫近，以發現、把握、擴充自己的生命根源、道德根源的，不用手去作的工作」。此論指出儒家工夫首要在「向生命的內層迫近」，是很清晰準確的，但因缺少對工夫落點、層次、主體的說明，便會使讀者生出「對塔說相輪」之感，便似不能作為對「做工夫」的完整闡述。在同書的第九章，徐先生詳細闡發了大學工夫，從此中可以看出工夫的落點與層次。他將正心與誠意各分為兩個階段，並將正心的第二階段與誠意的第一階段相重合。正心的第一階段是本心的發露，第二階段是與事物相接時維持其本心，此亦即是「誠其意」。由此看來，發露本心是關鍵性

的環節，只有此心是好善惡惡之心，後續的工夫才有正面意義。所以徐先生說：「不過，以誠意為正心的工夫，必須以孟子的『心善』為前提」。論到這一步，可謂與錢先生殊途同歸了。這也正如陸象山所說：「見到孟子道性善處，方是見得盡」。後來的陽明與船山，對性善說特別重視且多有創見，正是見得盡。所以我們今天探索儒家工夫論，不能不向先儒先賢虛心學習。

　　拙書用了相當的篇幅討論陽明先生的最重要的學術概念。陽明學在今天一度很熱，盛讚陽明先生「立德立功立言」的「真三不朽」是最習見的，其次便要數推服「無善無惡心之體」一言了。敬仰陽明先生功業者可不必論，我所見到的津津樂道於「無善無惡」者，一般都以為陽明此一語既屬儒學，又通於佛、老。既通佛老，又可三不朽，那當然是很誘人追隨的思想。對當今關於陽明思想的流俗而隔膜的熱衷，應該作些學術層面的宣說；而對另一類陽明身後就開始的、嚴肅的、對於「無善無惡」的反對和誤解，當然更需要有同樣嚴肅的研究、體悟和思考。〈陽明先生「四句教」探微〉一文，從工夫論的視角說明「四句教」是陽明思想的總結晶，也是陽明教法的不可離散的整體，是決不可以單抽出一個「無善無惡」來的。至於陽明先生的「致良知」，今天也似被廣泛議論，不過這些議論大體上不可以稱為有價值的討論。一般論者以為良知既然是不慮而知的、現成的，便不再思考如何是知、知何以為良？此一點大端不明，對陽明思想的了解恐仍徘徊於膚淺的湊熱鬧。此皆因為今日學者不重視工夫體驗過程，陽明先生自謂

其學從九死一生中得來，我們不能效其萬一而好發揣摩之論，則豈能不皆落入瞎猜。〈陽明先生「致良知」探微〉之所以作，其中或有可以與尚志者分享的點滴心得。

　　「志」與「善」，是儒家工夫最基本的元素。這一思考、體會的結果，得來實不易，並非僅僅從邏輯推理排比而來。以這些基本元素作為考察儒家學說的貫穿線，到目前為止，我感到象山與陽明比較程朱更為接近孔、孟的工夫論思想。陽明之後，則只有王船山說的最為到位。在儒家工夫實踐中，「持志」二字可以為鞭策始終之方，故我在論「志」的一文中稱之為「通關密鑰」；「習善」二字，則是不離本體落實工夫，換言之，「善」正是要被反復地提示、澄淨、呈現、安在的工夫對象和實體，善在工夫過程中呈現的面貌，實無以明之，我姑且稱之為「工夫道境」。「持志、習善」，也正是從孟子到船山的一條完整的工夫路脈。儒家工夫所以必追究至於本體，正因為沿此一追究而得以體悟到聖賢之所特指的人性中的善的部分。先儒先賢指點此本體，指點他們自身的體悟歷程，而有所謂存心養性、敬義夾持、涵養持守、辨義利、致良知，等等，實皆先儒先賢畢生致力之心得。我們沿著工夫論的軌跡學習，更能真切地感受到先儒先賢生命的脈動！

　　本書分為三部分，即甲、乙、丙三組。乙組為與工夫論相關的小題目，也是修習者在行進中可能會同樣遭遇到的問題，故或有參考的價值。至於丙組，則是有意識地將儒家靜坐工夫整理融合為系列了。這麼做的理由，我已在《儒家工夫論》一書的自序中作過扼要的敘述。（見臺灣學生書局 2017 年 2 月

版之〈自序〉）此一番的勾勒成圖文，算是一份延續和深入的工作。不過，圖示雖似不能無，卻也是不得已的；因為我還無力全面地呈現各種方法和程序，也因為深入的心性工夫本身難以用圖文表示；即使可能表示，竊恐也不會廣泛適用，原因就在於各人特質不同而所見亦必不同。為了對此有所彌補，丙組中並收入〈風語〉，其中許多可作為圖的解說；這些「語」，不期而來，失而難復得，故名之以「風語」。

　　潘朝陽教授向學生書局推薦了拙稿，他的相知、學術認可與情懷使我深受感動！書中插圖都是付粲鋌先生的手筆，前後歷時一年有餘，此一番辛勞使拙篇圖的部分得以表達，實增色不少。蘇藝娜女士作了文與圖的整理編排。秀才人情紙半張，無以為報，謹借此一角致上我深深的謝意！己亥歲末，瘟疫橫虐，小女吳羽斯亦為此書奔走兩岸，是并附記於此。

二零一九年十二月於習善堂

VIII 儒家工夫要義

儒家工夫要義

目　次

甲　組

陽明先生「四句教」探微

　　「無善無惡心之體，有善有惡意之動，知善知惡是良知，為善去惡是格物」，見稱為陽明「四句教」，又稱為「天泉證道」、「天泉問答」。黃梨洲《明儒學案》（以下簡稱《學案》），於卷十〈姚江學案〉之短短前言，幾乎全在辨別陽明立言之本意。其首辨「致良知」，次即辨此「四句教」；即可見其時雖去陽明未遠，而陽明思想之真，已有撲朔迷離之貌。前輩的研究，亦見得難以率爾言之，如徐復觀先生曾謂：「二十年前，我在〈象山學述〉一文中曾談到王陽明，後來深悔立論的粗率」（《徐復觀雜文續集》時報文化出版企業公司，民國七十年五月版，頁 24-37）。所以到了一九七九年，他寫成了〈一個政治家的王陽明〉，對於陽明學說的基本面作了新的評估。陽明先生此四句話，被視為陽明學說之精要，亦可以說被視為陽明學說的最易被誤解的部分，自來說異說同，議論紛紛。到黃梨洲著《學案》時，他說「今之解者」對四句教的理

解，已經是「指月者不指天上之月，而指地上之光，愈求愈遠矣」。

因陽明「四句教」體現的對「心之本體」的看法，以及本體既明與工夫節目之關係，仍然極大地影響今天的我們對於儒家心性學說的理解，同時也在繼續引導今天的我們探索傳統儒家思想之核心部分；其意義尤為重大者，在於陽明學說中呈現的工夫進路，對於今天的我們實踐儒家工夫，有其不需迴避也不可迴避的指導啟發作用。故本文擬梳理典籍中關於「四句教」之主要記錄，以探討諸說之源流；再則略論所信所疑之數說，以觀其與陽明思想之相近相去；又次則觀察「四句教」所體現之陽明工夫，以粗窺陽明之學的工夫進路。凡此皆不揣固陋，唯祈於進學有所補益焉耳。

一、「四句教」有代表性的四種版本

1、錢德洪《年譜》版

此一版本，包括了四有說、四無說、一無三有說。錢氏〈年譜序〉：返見羅達夫，閉關方嚴，及讀譜，則喟然歎曰：

「先生之學，得之患難幽獨中，蓋三變以至於道。今之談『良知』者，何易易也！」遂相與刊正。越明年正月，成於懷玉書院，以復達夫。比歸，復與王汝中、張叔謙、王新甫、陳子大賓、黃子國卿、王子健互精校閱，曰：「庶其無背師說乎？」命壽之梓。案，據此說，此一版本乃經過親炙弟子人眾

之斟酌而得。今謹錄於下並略加疏釋：

嘉靖六年丁亥，先生五十六歲，在越。

九月初八日，德洪（錢德洪）與畿（王畿）訪張元沖舟中，因論為學宗旨。畿曰：「先生說知善知惡是良知，為善去惡是格物，此恐未是究竟話頭。」（案，王畿提出陽明說的「四句教」之後兩句，表示懷疑。）德洪曰：「何如？」畿曰：「心體既是無善無惡，意亦是無善無惡，知亦是無善無惡，物亦是無善無惡。若說意有善有惡，畢竟心亦未是無善無惡。」（案，王畿這裡完整說了他理解的四句教，是心、意、知、物「四無說」。而以「既是」開頭，又顯見是複述陽明所曾說。王畿以意之是否有善惡為轉折，而推論心體之善惡。他的心意合一、以心斷意的主張，卻未必為陽明首肯。）德洪曰：「心體原來無善無惡，今習染既久，覺心體上見有善惡在，為善去惡，正是復那本體功夫。若見得本體如此，只說無功夫可用，恐只是見耳。」（案，德洪解釋，心從原來的無善無惡，已經習染變成了有善有惡，這是「四有說」。這裡有個轉語，先肯定了「原來無善無惡」，又轉而為有，也即是說心體習染得有善惡，其實他對於「原來無善無惡」是遲遲疑疑不太確定的。）畿曰：「明日先生啟行，晚可同進請問。」是日夜分，客始散，先生將入內，聞洪與畿候立庭下，先生復出，使移席天泉橋上。德洪舉與畿論辯請問。先生喜

曰：「正要二君有此一問！我今將行，朋友中更無有論證及此者，二君之見正好相取，不可相病。汝中（王畿字汝中）須用德洪功夫，德洪須透汝中本體。二君相取為益，吾學更無遺念矣」。德洪請問。先生曰：「有只是你自有（案，指的有善有惡之「有」，習染之有），良知本體原來無有，本體只是太虛。太虛之中，日月星辰，風雨露雷，陰霾饐氣，何物不有？而又何一物得為太虛之障？人心本體亦復如是。太虛無形，一過而化，亦何費纖毫氣力？德洪功夫須要如此，便是合得本體功夫」（案，這裡說的是自修以合得無善惡之本體才見功夫）。畿請問。先生曰：「汝中見得此意，只好默默自修，不可執以接人。上根之人，世亦難遇。一悟本體，即見功夫，物我內外，一齊盡透，此顏子、明道不敢承當，豈可輕易望人？二君已後與學者言，務要依我四句宗旨：無善無惡是心之體，有善有惡是意之動，知善知惡是良知，為善去惡是格物。以此自修，直躋聖位；以此接人，更無差失」（案，此是陽明「四句教」之「一無三有說」；陽明不言「四無說」之非）。畿曰：「本體透後，於此四句宗旨何如？」（案，王畿的意思是，本體透了，後三句還有必要嗎？）先生曰：「此是徹上徹下語，自初學以至聖人，只此功夫。初學用此，循循有入，雖至聖人，窮究無盡。堯、舜精一功夫，亦只如此。」先生又重囑付曰：「二君以後再不可更此四句宗旨。此四句，中人上下無不接著。我年來立教，亦更幾

番，今始立此四句。人心自有知識以來，已為習俗所染，今不教他在良知上實用為善去惡功夫，只去懸空想個本體，一切事為，俱不著實。此病痛不是小小，不可不早說破。」（案，陽明此一番「又重囑咐」，是重在有善有惡，就兩弟子各有所偏倚而言，更多地實是擔憂王畿的理解在接引人方面將引發的毛病。而「良知上實用為善去惡功夫」一句猶不好理解，良知即本體，本體無善惡，如何做為善去惡工夫？後來劉蕺山說，意為心之所存，便有彌補意思。）是日洪、畿俱有省。

2、《傳習錄》黃省曾版

此一版本大體同於錢氏《年譜》版，但有「習心」與「復性」的概念提出來，這是概念提煉上的進步，似較上一版本見得有加工。其中明白地說「四無說」與「四有說」，雖屬一偏，卻都是陽明接引「利根之人」與「其次」之人所用的教法，所以兩說可以相資為用，與上一版本「相資為用」的意思相同。在此各執一偏的教法之上，便是陽明的「隨人指點，自沒病痛」兼顧了自修與接人的「一無三有說」。此一版本還特別清晰地指出，人的習心導致「意念上」的善惡，所以要「在意念上實落為善去惡功夫」，這與陽明《大學問》相銜接。

丁亥年九月，先生起復征思、田，將命行時，德洪與汝中論。汝中舉先生教言：「無善無惡是心之體，有善有

惡是意之動，知善知惡是良知，為善去惡是格物」
（案，這裡是王畿述陽明「一無三有」之教言）。德洪
曰：「此意如何？」汝中曰：「此恐未是究竟話頭，若
說心體是無善無惡，意亦是無善無惡的意，知亦是無善
無惡的知，物亦是無善無惡的物矣。若說意有善惡，畢
竟心體還有善惡在。」（案，王畿認為，意的善惡究竟
是源於心體，要從「心體」的善惡發出來。）德洪曰：
「心體是『天命之性』，原是無善無惡的，但人有習心
（案，這個版本，德洪與陽明皆言「習心」），意念上
見有善惡在，格、致、誠、正、修，此正是復那性體功
夫，若原無善惡，功夫亦不消說矣。」（案，德洪意
思，心體，也就是性，無善惡，但意是有善惡的，若認
為心意皆無善惡，功夫也就不必要講求了。）是夕侍坐
天泉橋，各舉請正。先生曰：「我今將行，正要你們來
講破此意。二君之見，正好相資為用，不可各執一邊：
我這裡接人，原有此二種。利根之人，直從本原上悟
入，人心本體原是明瑩無滯的，原是個未發之中。利根
之人一悟本體，即是功夫，人己內外一齊俱透了。其次
不免有習心在，本體受蔽，故且教在意念上實落為善去
惡，功夫熟後，渣滓去得盡時，本體亦明盡了。汝中之
見，是我這裡接利根人的；德洪之見，是我這裡為其次
立法的。二君相取為用，則中人上下皆可引入於道，若
各執一邊，跟前便有失人，便於道體各有未盡。」
（案，陽明明白區分「接利根人」之「四無說」與「為

其次立法」之「四有說」，認可皆是其接人之法，以為不可以各執一邊，若相取為用，則本體與意念皆包括的「道體」可盡。）既而曰：「已後與朋友講學，切不可失了我的宗旨。無善無惡是心之體，有善有惡是意之動，知善知惡是良知，為善去惡是格物（案，是為「一無三有說」）。只依我這話頭隨人指點，自沒病痛，此原是徹上徹下功夫。利根之人，世亦難遇。本體功夫一悟盡透，此顏子、明道所不敢承當，豈可輕易望人。人有習心，不教他在良知上實用為善去惡功夫，只去懸空想個本體，一切事為俱不著實，不過養成一個虛寂；此個病痛不是小小，不可不早說破。」是日德洪、汝中俱有省。（《傳習錄》卷下〈門人黃省曾錄〉）

3、《明儒學案》引王畿〈天泉證道記〉版

此一版本中之「四句教」成為後來定本。較上兩個版本，行文更精煉，而要點皆在。顯然是更加以提煉的版本了。

丁亥年九月，先生起征思、田。德洪與汝中論學，德洪舉先生教言曰：「無善無惡心之體，有善有惡意之動，知善知惡是良知，為善去惡是格物。」（案，這裡說是德洪所舉之陽明教言）汝中曰：「此恐未是究竟話頭。若說心體是無善無惡，意亦是無善無惡，知亦是無善無惡，物亦是無善無惡矣。若說意有善惡，畢竟心體還有

善惡在。」德洪曰：「心體是天命之性，原無善惡，但人有習心，意念上見有善惡在。格、致、誠、正、修，此是復性體工夫，若原無善惡，工夫亦不消說矣。」是夕，坐天泉橋，各舉請正。先生曰：「二君之見正好相資，不可各執一邊。我這裡接人原有二種，利根之人，直從本源上悟入。人心本體原是明瑩無滯，原是個未發之中。利根之人一悟本體，即是工夫，人己內外一齊俱透。其次不免有習心在，本體受蔽，故且教在意念上實落為善去惡，工夫熟後，渣滓去盡，本體亦明淨了。汝中之見是我接利根人的，德洪之見是我為其次立法的，相取為用，則中人上下皆可引入於道。」既而曰：「已後講學，不可失了我之宗旨。無善無惡心之體，有善有惡意之動，知善知惡是良知，為善去惡是格物。（案，陽明重複德洪所引的教言，此四句成為定本）這話頭隨人指點，自沒病痛，原是徹上徹下工夫。利根之人，世亦難遇；人有習心，不教他在良知上實用為善去惡工夫，只去懸空想個本體，一切事為俱不著實，不過養成一個虛寂，病痛不是小小，不可不早說破。」（《明儒學案》卷十）

4、《明儒學案》鄒守益學案版

此版本所記，實為前三版本之節錄。黃梨洲在錄鄒守益所記之外，復加以評論。梨洲說，「四有說」只是錢德洪的說

法，不是陽明的教法。不過，四有說出自錢德洪，四無說出自王畿，這一點是與上面三個版本相同的。據鄒守益所記，陽明並未道出「四句教」。最為不同的，是德洪理解的陽明教言是「至善無惡者心」，則心非無善惡，而是至善，意卻有了善惡；導致意之惡的原因，卻又未加說明。此一版本敘述較為疏略，可能啟人疑竇亦最多。

> 先生（案，指鄒守益）〈青原贈處〉記陽明赴兩廣，錢、王二子各言所學，緒山（人稱錢德洪為緒山先生）曰：「至善無惡者心，有善有惡者意，知善知惡是良知，為善去惡是格物。」（案，德洪「四有說」的一個痛快的別出，說「心」而不說「心體」，而且說「心」為「至善」。雖然「心」之一字較為粗糙，但其意實與龍溪「心體」的概念近似。下文將再作討論。）龍溪（王畿號龍溪）曰：「心無善而無惡，意無善而無惡，知無善而無惡，物無善而無惡。」陽明笑曰：「洪甫（德洪字洪甫）須識汝中本體，汝中須識洪甫功夫。」（案，所記雖簡，但記了陽明分判兩弟子所說的要害。惜未述及陽明自言之四句教）。此與龍溪〈天泉證道記〉同一事，而言之不同如此。戴山先師（這是梨洲的話，他是劉戴山弟子）嘗疑陽明天泉之言（案，即「四句教」）與平時不同。平時每言「至善是心之本體」，又曰「至善只是盡乎天理之極，而無一毫人欲之私」，又曰「良知即天理」；《錄》（案，即《傳習錄》）中

言天理二字，不一而足，有時說「無善無惡者理之靜」，亦未嘗逕說「無善無惡是心體」（案，陽明嘉靖六年丁亥九月征思田，次年十一月辭世，其間戎馬倥傯且重恙在身，於四句教言未及多論而未見載於《傳習錄》，似亦可理解）。今觀先生所記，而四有之論，仍是以至善無惡為心，即四有四句亦是緒山之言，非陽明立以為教法也。今據《天泉》所記，以無善無惡議陽明者，盍亦有考於先生之記乎？（案，梨洲很希望陽明說的四句教就是錢緒山所複述的，而申明心體之至善。）
（《明儒學案》卷十六）

以上四種版本可謂大體一致者，無論「四有說」與「四無說」究竟是否為陽明教法，卻確然是錢德洪與王畿因陽明所說而領會的一番思想。至於前三個版本的「一無三有說」，則明白是陽明針對門生領會上的各有其偏，而歸納提出來，既用於自修，又便於接引後學、「隨人指點，自沒病痛」的標準化教言。所以說，「四句教」是陽明針對以王龍溪與錢緒山兩類根器的學者常見的工夫偏頗提出的普適的教法，同時也是陽明思想與心性工夫途轍的重要歸納。以「四有說」與「四無說」對比，「一無三有說」與各版本中陽明的闡述教戒之言最為相配。黃梨洲說陽明「平日間嘗有是言」，是很中肯的說法；他又說這是「陽明未定之見」，從四個版本的差異來看，亦並非無據。但「無善無惡心之體」在陽明身後引起了很大的爭論與批評，以下略舉明末數家之言，以明此意。

二、後來對四有、四無、一無三有三說之批評

1、顧涇陽

　　他認為，無論四有、四無、一無三有，都不是成功的教法，有不小的流弊：

　　佛學三藏十二部，五千四百八十卷，一言以蔽之曰：「無善無惡」。第辨四字於告子易，辨四字於佛氏難。以告子之見性粗，佛氏之見性微也。辨四字於佛氏易，辨四字於陽明難。在佛自立空宗，在吾儒則陰壞實教也。夫自古聖人教人為善去惡而已，為善為其固有也，去惡去其本無也（案，這兩句是顧涇陽論善惡的基礎），本體如是，工夫如是，其致一而已矣。陽明豈不教人為善去惡？然既曰「無善無惡」，而又曰「為善去惡」，學者執其上一語，不得不忽其下一語也。何者？心之體無善無惡，則凡所謂善與惡，皆非吾之所固有矣。皆非吾之所固有，則皆情識之用事矣。皆情識之用事，皆不免為本體之障矣。將擇何者而為之？（案，這裡說，心之體若是無善無惡，善惡不在心而在「情識」的作用，將反而阻攔了心體的善惡表現）未也。心之體無善無惡，則凡所謂善與惡，皆非吾之所得有矣。皆非吾之所得有，則皆感遇之應跡矣。皆感遇之應跡，則皆不足為本體之障矣。將擇何者而去之？（案，進一步說，凡善惡都不是我固有的，雖然「感遇」有善惡，又怎麼能修習而去善或去惡呢？）猶未也。心之體無善無惡，吾亦無善無惡已耳。若擇何者而為之，便未免有善在；若擇何者而去

之，便未免有惡在，若有善有惡，便非所謂無善無惡矣。（案，再進一步說，既然心體無善無惡，若是要為善去惡，則無善無惡就不能成立。）陽明曰：「四無之說，為上根人立教，四有之說，為中根以下人立教。」是陽明且以無善無惡，掃卻為善去惡矣。既已掃之，猶欲留之，縱曰為善去惡之功，自初學至聖人，究竟無盡，彼直見以為是權教，非實教也。其誰肯聽？（案，顧氏認為，四無四有教法雖然說對象不同，但是會引起學者倚輕倚重，一無將妨害三有的實行。）既已拈出一個虛寂，又恐人養成一個虛寂，縱重重教戒，重重囑咐，彼直見以為是為眾人說，非為吾輩說也。又誰肯聽？（案，說出了一個無善無惡的虛寂，又要戒人掉入虛寂，學者不免看輕了為善去惡，都以為自己抓住了根本而虛寂之弊說的是別人。）夫何欣上而厭下，樂易而苦難？人情大抵然也。投之以所欣，而復困之以所厭，畀之以所樂，而復攖之以所苦，必不行矣。（案，入於虛寂容易，下為善去惡工夫難，先易後難的事誰干？）故曰，惟其執上一語，雖欲不忽下一語，而不可得；至於忽下一語，其上一語雖欲不弊，而不可得也。（案，顧氏總結對「四句教」的意見道：既信從無善無惡，就必然忽略為善去惡；而忽略了為善去惡，信從無善無惡就一定會有偏差。）羅念菴曰：「終日談本體，不說工夫，才拈工夫，便以為外道。」使陽明復生，亦當攢眉。王塘南曰：「心意知物，皆無善無惡，使學者以虛見為實悟，必依憑此語，如服鴆毒，未有不殺人者。」海內有號為超悟，而竟以破戒負不韙之名，正以中此毒而然也。且夫四無之說，主本體言也，陽明方曰是接上

根人法，而識者至等之鴆毒；四有之說，主工夫言也，陽明第曰是接中根以下人法，而昧者遂等之外道。然則陽明再生，目擊茲弊，將有摧心扼腕，不能一日安者，何但攢眉已乎？（《明儒學案》卷五十八，引〈與李孟白〉）。

顧涇陽認為，接上根人的四有、接中根以下人的四無，都受到後來學者很大的質疑，統合有無的「一無三有說」作為教法也有很大的弊病。至於陽明末流「終日談本體，不說工夫」、「以虛見為實悟」、不肯實做為善去惡工夫的流弊，也是顧氏極所反對的。

2、高景逸

陽明先生所謂善，非性善之善也，何也？彼所謂「有善有惡者意之動」，則是以善屬之意也。其所謂善，第曰善念云爾，所謂無善，第曰無念云爾。（案，如果不考慮劉蕺山「心以意為體」的影響，這是後來黃梨洲解「無善無惡」為「無善念惡念」的先聲）吾以善為性，彼以善為念也；吾以善自人生而靜以上，彼以善自吾性感動而後也，故曰非吾所謂性善之善也。吾所謂善，元也，萬物之所資始而資生也，烏得而無之？故無善之說，不足以亂性，而足以亂教。善一而已矣，一之而一元，萬之而萬行，萬物不二者也。天下無無念之心，患其不一於善耳。一於善即性也。今不念於善，而念於無，無亦念也。若曰患其著焉，著於善，著於無，一著也。著善則拘，著無則蕩，拘與蕩之患，倍蓰無算。故聖人之教必使人格物，物格而善明，則有善而無著。今懼其著，至夷善於惡而無之，人

遂將視善如惡而去之，大亂之道也。（案，高氏說，無念、無善念也是念。念執著在善，則有聖人所教之格物以防止拘滯。但若執著在無，善與惡皆同去之，弊病就大了。）故曰是以亂教。古之聖賢，曰止善，曰明善，曰擇善，曰積善，蓋懇懇焉。今以無之一字，掃而空之，非不教為善也，既無之矣，又使為之，是無食而使食也。（《明儒學案》卷五十八，引雜著〈方本庵性善繹序〉）。

高景逸認為，陽明將善歸之於念是不對的，而應該是將善歸之於性；所以說，陽明說無善無惡並不是說性，與性了無關係。高氏這麼說，對解釋陽明既說性善、又說心體無善惡的矛盾，是一個不錯的圓場。高氏說陽明的錯處是「亂教」，教人「不念於善，而念於無」，將導致與「大亂之道」。但是，若說陽明無善無惡不是論性，那正該深究陽明之論性。他卻誤以為陽明重在一個無，而且陷在一個無裡，輕看了陽明強調「無中生有」、強調「知行合一」的分量，推論因此可能產生「視善如惡而去之」的「亂教」惡果。故而高景逸斥陽明末流，大體與顧涇陽同，而更形激烈：

姚江之弊，始也掃聞見以明心耳，究而任心而廢學，於是乎詩書禮樂輕，而士鮮實悟，始也掃善惡以空念耳，究且任空而廢行，於是乎名節忠義輕，而士鮮實修。（《明儒學案》卷五十八，引雜著〈崇文會語序〉）

3、劉宗周

《明儒學案》卷十引劉宗周《陽明傳信錄》所論：先生

（陽明）每言，至善是心之本體。又曰：「至善只是盡乎天理之極，而無一毫人欲之私。」又曰：「良知即天理。」（劉宗周原案：即《近思錄》）中言「天理」二字，不一而足，有時說「無善無惡者理之靜」，亦未嘗徑說「無善無惡是心體」，若心體果是無善無惡，則有善有惡之意又從何處來？知善知惡之知又從何處來？為善去惡之功又從何處起？無乃語語斷流絕港乎！快哉，四無之論！先生當於何處作答？卻又有「上根下根」之說，謂「教上根人只在心上用工夫，下根人只在意上用工夫」，又豈《大學》八目一貫之旨？又曰：「其次且教在意念上著實用為善去惡工夫，久之心體自明。」蒙[1]謂才著念時，便非本體，人若只在念起念滅上用工夫，一世合不上本體，所謂南轅而北轍也。先生解《大學》，於「意」字原看不清楚，所以於四條目（案，指《大學》格物、致知、誠意、正心）處未免架屋疊床至此。及門之士一再摹之，益失本色矣。先生他日有言曰：「心意知物只是一事。」此是定論。既是一事，決不是一事皆無。蒙因為龍溪易一字曰：「心是有善無惡之心，則意亦是有善無惡之意，知亦是有善無惡之知，物亦是

---

[1]　此卷所言「蒙」者，未詳，頗疑為戢山先生自稱。《姚江學案》所錄《語錄》、《文錄》、《傳習錄》，全轉引自劉宗周《陽明傳信錄》，並收入其序曰：「宗周因於手抄之餘，有可以發明先生之蘊者，僭存一二管窺，以質所疑，冀得藉手以就正於有道，庶幾有善學先生者出，而先生之道傳之久而無弊也」。參校善本，《傳習錄》「徐愛記」之末有徐愛案語，低兩字，梨洲以小字按於其後，而以「愚按」出之。此外小字皆戢山案語。

有善無惡之物。」不知先生首肯否？或曰：「如何定要說個有
善無惡？」曰：「《大學》只說致知，如何先生定要說個致良
知，多這良字？」其人默然，學術所關，不敢不辯。

　　高景逸以為陽明不該執著在無，劉宗周以為陽明不該執著
在念。劉氏甚至認為《傳習錄》中「無善無惡心之體」的話不
等於「無善無惡是心體」。他的主張是善的存在不依賴於念起
念滅，果如陽明說的「有善有惡意之動」去向「動」的念上用
工夫，那是走錯了路，後果是「一世合不上本體」。劉宗周讚
成陽明的「致良知」，把這個意思引入到了「四句教」裡，心
體是善、是良知，慎獨工夫歸結於意上，「意為心之所存」，
無善無惡境界算是有個著落，而獨創的「四有四無說」，算得
是別出了。[2]

4、王夫之

　　彎室傳心之法，乃玄禪兩家自欺欺人事，學者未能揀別所
聞之邪正且於此分曉，早已除一分邪惑矣。王龍溪、錢緒山天
泉傳道一事，乃摹仿慧能、神秀而為之，其「無善無惡」四
句，即「身是菩提樹」四句轉語。附耳相師，天下繁有其徒，
學者當遠之。（引自王夫之《俟解》。案此，船山認為四句教
近禪，且係龍溪、緒山杜撰故事）。

　　靜而不見有善，動而不審善，流於惡之微芒，舉而委之無

2　參見《南雷文案》卷三，〈答董吳仲論學書〉；《南雷續文案》卷之二
　　〈答萬充宗論格物書〉。

善無惡，善惡皆外而外無所與，介然返靜而遽信為不染，身心為二而判然無主；末流之蕩為無忌憚之小人而不辭，悲夫！（《思問錄》內篇。船山主張靜而見善，動而審善，反對把善惡視為外在，藉由心體與意動撿別善惡之有無而失去工夫把柄。）

至於不可謂之為「無」，而後果無矣。既可曰「無」矣，則是有而無之也。因耳目不可得而見聞，遂躁言之曰「無」，從其小體而蔽也。善惡可得而見聞也，善惡之所自生，不可得而見聞也，是以躁言之曰「無善無惡」也。（《思問錄》內篇。船山意見，善惡之所自生非是耳目之官所可聞見者，不可因其不得聞見，而得如陽明所說無善無惡）。

愚請破從來之所未破，而直就經以釋之曰：所謂自者（案，自欺、自足之自），心也，欲修其身者所正之心也。蓋心之正者，志之持也，是以知其恒存乎中，善而非惡也。心之所存，善而非惡。意之已動，或有惡焉，以陵奪其素正之心，則自欺矣。意欺心。唯誠其意者，充此心之善，以灌注乎所動之意而皆實，則吾所存之心周流滿愜而無有餒也，此之謂自謙也。意謙心（《讀四書大全說・大學卷》傳六章之第五節。案，船山不僅僅懷疑四句教的來歷。此條與上兩條合看，他認為心是善的，而意或有惡，故而要誠意，而誠意是要「充此心之善」，而回歸到「素正之心」。所以陽明工夫要以正心為根本，他痛斥因不聞不睹而否認善，主張存養善而貫徹善。他認為「四句教」把工夫放在「意」上，結果身與心都沒有著落，即他說的「意欺心」，這是並陽明關於「誠意」的工夫也反對

了）。

5、黃梨洲

　　劉蕺山尚說有個有善無惡的心體，到了黃梨洲，卻仿佛不認有心體，而說「心無本體，工夫所至即是本體」。梨洲又從學術思想史的角度來考察「四句教」，與蕺山同樣認為「無善無惡」之說不能代表陽明思想：

　　愚按四句教法，考之陽明集中，並不經見，其說乃出於龍溪。則陽明未定之見，平日間嘗有是言，而未敢筆之於書，以滋學者之惑。至龍溪先生始云「四有之說，猥犯支離」，勢必進之四無而後快。（《學案》之〈師說〉王龍溪畿條）

　　既無善惡，又何有心意知物？終必進之無心、無意、無知、無物而後無，如此則「致良知」著在何處？先生（王畿）獨悟其所謂無者，以為教外之別傳，而實亦並無是無。有無不立，善惡雙泯，任一點虛靈知覺之氣縱橫自在，頭頭明顯，不離著於一處，幾何而不蹈佛氏之坑塹也哉？（同上。這是說，「一無四有說」終將導致「四無說」。如此，則心意知物皆無，則無良知可致，「致良知」不能成立，所以不應該是陽明的定論）。

　　以四有論之，惟善是心所固有，故意知物之善從中而發，惡從外而來。若心體既無善惡，則意知物之惡固妄也，善亦妄也。工夫既妄，安得謂之復還本體。斯言也，於陽明平日之言無所考見，獨先生（王畿）言之耳。然先生他日答吳悟齋云：「至善無惡者心之體也，有善有惡者意之動也，知善知惡者良

知也，為善去惡者格物也。」此其說已不能歸一矣。（案，這是說，王畿自己也說過心體至善的話，此說不能與他主張的「四無說」相應）。以四無論之，《大學》正心之功從誠意入手，今曰從心上立根，是可以無事乎意矣！（案，《大學》之教，欲正其心者必誠其意。「四無說」則強調心是根本，心若無，意知物皆無；故與《大學》先誠其意之教不同。）而意上立根者為中下人而設，將《大學》有此兩樣工夫歟？抑止為中下人立教乎？（《學案》卷十二〈王畿學案〉。梨洲說，按「一無四有說」，兼顧上根與中下根人，但把「意」上工夫指為合乎中下根人；這也於《大學》之書無據）。

〈天泉問答〉：「無善無惡者心之體，有善有惡者意之動，知善知惡是良知，為善去惡是格物。」今之解者曰：「心體無善無惡是性，由是而發之為有善有惡之意，由是而有分別其善惡之知，由是而有為善去惡之格物。」層層自內而之外，一切皆是粗機，則良知已落後著，非不慮之本然，故鄧定宇以為權論也。（案，時人解四句教是將工夫層層外推，這已經不是良知的不慮而知了）。其實無善無惡者，無善念惡念耳，非謂性無善無惡也。下句意之有善有惡，亦是有善念有惡念耳，兩句只完得動靜二字。他日語薛侃曰：「無善無惡者理之靜，有善有惡者氣之動。」即此兩句也。（案，梨洲的理解是，無念時無善惡，有念時有善惡。心在靜時無善惡之念；到了動時，善念惡念一時俱有。無善無惡非謂心之本體，而是念的起滅）。所謂知善知惡者，非意動於善惡，從而分別之為知，知亦只是誠意中之好惡，（案，這是說，「知善知惡是良知」的

意思，不是以良知來分別意之善惡，而是良知於意上自然生出喜好之好、厭惡之惡來。因為先下了誠意的工夫，「知」能以喜好、厭惡對應善與惡）。好必於善，惡必於惡，孰是孰非而不容已者，虛靈不昧之性體也。為善去惡，只是率性而行，自然無善惡之夾雜，先生所謂「致吾心之良知於事事物物也」（案，梨洲解說，依人之本性，自然是好善惡惡的，故只依虛靈之「性體」的好惡而行，自然為善去惡，這便是所謂率性而行。陽明曾解釋「無善無惡」為「不作善、不作惡」，可見梨洲的解讀亦有據）。四句本是無病，學者錯會文致。彼以無善無惡言性者，謂無善無惡斯為至善；善一也，而有有善之善，有無善之善，無乃斷滅性種乎？彼在發用處求良知者，認已發作未發，教人在致知上著力，是指月者不指天上之月，而指地上之光，愈求愈遠矣。得義（案，黃梨洲名宗羲）說而存之，而後知先生之無弊也（《學案》卷十〈前言〉。案，梨洲解釋「四句教」的意思是：無念時無善無惡，動念時有善有惡，良知自然好善惡惡，依良知便為善去惡。後人對文意的理解有誤，遂造成後來的種種流弊。[3]梨洲認為，陽明後學對「四句

---

[3] 梨洲於顧涇陽學案亦謂：按陽明先生教言：「無善無惡心之體，有善有惡意之動，知善知惡是良知，為善去惡是格物。」其所謂無善無惡者，無善念惡念耳，非謂性無善無惡也；有善有惡之意，以念為意也。知善知惡，非意動於善惡，從而分別之，為知好善惡惡，天命自然，炯然不昧者，知也，即性也。陽明於此，加一良字，正言性善也。為善去惡，所謂有不善未嘗不知，知之未嘗復行也。良知是本體，天之道也；格物是工夫，人之道也。蓋上二句淺言之，下二句深言之，心意知物只是一

教」的誤解大端有三，一是認無善無惡成為至善之性，這對於性善說當然是嚴重的攪亂，嚴重到「斷滅性種」。二是認為要在念發動時下工夫，「認已發作未發」，而不是在未發的「意」上著力，將工夫用錯了地方。三是陽明未必就作如是說）。

梨洲的理解與說明確實很順暢，但與陽明的想法還是很有不同。就四句教說，陽明正強調了心體工夫，所以後人稱為「心學」，不過他正是教人在「誠意」上下工夫的，概因無善無惡處便亦無把柄。若按梨洲說的於未發處用功，只怕學者不好琢磨。梨洲解「四句教」的勝處，是將四句作一整體來理解，這當然比只提起「無善無惡」來開刀，要平衡得多。

三、關於「四句教」的兩點辨析

1、「一無三有說」乃陽明教法宗旨

事。今錯會陽明之立論，將謂心之無善無惡是性，由是而發之為有善惡之意，由是而有分別其善惡之知，由是而有為善去惡之格物，層層自內而之外，使善惡相為對待，無善無惡一語，不能自別於告子矣。陽明每言：「至善是心之本體。」又曰：「至善只是盡乎天理之極，而無一毫人欲之私。」又曰：「良知即天理。」其言天理二字，不一而足，乃復以性無善無不善，自墮其說乎？且既以無善無惡為性體，則知善知惡之知，流為粗幾，陽明何以又言良知是未發之中乎？是故心無善念、無惡念，而不昧善惡之知，未嘗不在此至善也。（《學案》卷五十八〈端文顧涇陽先生憲成〉）

　　四種版本中，除鄒守益版所記，陽明對於兩位弟子的「四有說」與「四無說」，謹報以「笑曰」，而未曾親述「四句教」；其他三種版本所記皆親述四句教言，精神一貫而且相似度極高：

　　錢德洪版：「二君已後與學者言，務要依我四句宗旨：無善無惡是心之體，有善有惡是意之動，知善知惡是良知，為善去惡是格物」。「先生又重囑付曰：『二君以後再不可更此四句宗旨』。」

　　黃省曾版：「已後與朋友講學，切不可失了我的宗旨：無善無惡是心之體，有善有惡是意之動，知善知惡是良知，為善去惡是格物」。

　　王畿版：「已後講學，不可失了我的宗旨：無善無惡心之體，有善有惡意之動，知善知惡是良知，為善去惡是格物。」

　　如黃梨洲所說，陽明此前當有是義，不過尚未作出適當的表達。陽明將征思、田，緒山與龍溪居守越中書院，面對這兩位鎮守書院，而又兼為四方來學之士「疏通大旨」的高第弟子，陽明對此臨別前的請訓的態度當是很鄭重的，才會「移席天泉橋」，做一慎重的辨析和表達。

　　陽明的表達，是針對兩位弟子領會他的思想的偏差而發。先看緒山，緒山之學凡數變，先是要從已發求未發，工夫用在以其所知行善去惡，所以是實打實的從善惡之念（意念不分）入手，而對於「心體」、對於「未發」，沒有單刀直入的工夫。所以陽明特別點明他說：「良知本體原來無有，本體只是太虛」；「人心本體原是明瑩無滯，原是個未發之中」。經此

一番點撥，緒山大有領悟。後來他對人說與龍溪工夫的異同
時，道：「弟向與意見不同，雖承先師遺命，相取為益，終與
入處異路，未見能渾接一體。歸來屢經多故，不肖始能純信本
心，龍溪亦於事上肯自磨滌，自此正相當」（《學案》卷十一
引〈與張浮峰〉）。緒山後來「始能純信本心」，並對陽明無
善無惡之說也有新的體會：「至善之體，虛靈也，猶目之明、
耳之聰也。虛靈之體不可先有乎善，猶明之不可先有乎色，聰
之不可先有乎聲也。……今之論至善者，乃索之於事事物物之
中，先求其所謂定理者，以為應事宰物之則，是虛靈之內先有
乎善也。……故先師曰『無善無惡者心之體』，是對後世格物
窮理之學，先有乎善者立言也。因時設法，不得已之辭焉耳」
（《學案》卷十一引〈復楊斛山〉）[4]。至於龍溪，陽明指其
毛病是：「人有習心，不教他在良知上實用為善去惡工夫，只
去懸空想個本體，一切事為俱不著實，不過養成一個虛寂，病
痛不是小小，不可不早說破」。經陽明點撥，龍溪此後「於事
上肯自磨滌」，但是陽明對他根本處的擔心，還是不幸而言
中。陽明說：「汝中見得此意，只好默默自修，不可執以接

---

[4] 緒山之學，由前期的「離已發而求未發，必不可得」，「吾惟即吾所知
以為善者而行之，以為惡者而去之，此吾可能為者也」；轉而變為「吾
不能必其無不善，吾無動焉而已。彼所謂意者動也，非是之謂動也；吾
所謂動，動於動焉者也。吾惟無動，則在吾者常一矣」，並謂「君子之
學，必事於無欲，無欲則不必言止而心不動」。梨洲說他的話很接近於
楊慈湖的「不起意」，不過，緒山之學，謹慎篤實，「把纜放船，雖無
大得亦無大失耳。」（所引具見《學案》卷十一）

人」，而後來龍溪的論學工夫，還是走的一條「茫無把柄」的險路；其所教人，亦在「千古學術，只在一念之微上求」、「先師謂象山之學得力處全在積累，須知涓流即是滄海，拳石即是泰山。此是最上一機，不由積累而成者也」，則正如梨洲之論：「龍溪懸崖撒手，非師門宗旨所可繫縛。」（《學案》卷十二）[5]

　　因此，陽明四句教，首先是糾正兩位弟子之偏，其謂：「汝中須用德洪功夫，德洪須透汝中本體」者是也；他們兩位的工夫路徑正應該互補：「二君相取為用，則中人上下皆可引入於道，若各執一邊，跟前便有失人，便於道體各有未盡」。其次，是出於「教法」的考慮，根據「上根」「利根」「中人上下」的不同領悟能力，歸納出一種統一的「教法」和「宗旨」，其謂：「已後與朋友講學，切不可失了我的宗旨」，「只依我這話頭隨人指點，自沒病痛，此原是徹上徹下功夫」，「二君以後再不可更此四句宗旨。此四句，中人上下無不接著。我年來立教，亦更幾番，今始立此四句」。話語間，我們可以感受到陽明的充分自信，這話也非陽明本人說不出來。就此而論，梨洲以四句教為陽明晚年未定之見，愚意以為恰是陽明晚年既定之見。

5　龍溪之學，畢竟得陽明精華，故梨洲有謂：「先生親承陽明末命，其微言往往在而。象山之後不能無慈湖，文成之後不能無龍溪。以為學術之盛衰因之，慈湖決象山之瀾，而先生疏河導源，於文成之學，固多所發明也。」（《學案》卷十二）

2、「心體」、「本體」與「習心」

在前三種版本中，緒山說「心體原是無善無惡」，龍溪說「心體既是無善無惡」，都說的是「心體」。不過，錢緒山在版本 1，說「心體」無善惡又有善惡，所以要「復那本體」；在版本 2 和版本 3，卻說「復那性體」、「復性體」。比較龍溪只說「心體」，緒山在概念上似並不如龍溪清晰而執一。但我們看陽明言語，他指「無善無惡」時卻並不說「心體」，而只說「本體」，這一點前三個版本皆一致。陽明說「無善無惡心之體」的時候，非是指的「心體」，而只是「人心本體」，也是他常說的「心之本體」，簡捷地便稱之為「本體」。陽明之「本體」，絕異於緒山、龍溪之「心體」。

陽明說「心之本體」，即是說「本體」。如謂：「至善者，心之本體。本體上才過當些子，便是惡了」（《傳習錄》【228】）；又如說：「人心是天、淵。心之本體無所不該，原是一箇天，只為私欲障礙，則天之本體失了；心之理無窮盡，原是一箇淵，只為私欲窒塞，則淵之本體失了。如今念念致良知，將此障礙窒塞一齊去盡，則本體已復，便是天、淵了」（《傳習錄》【222】）。可見兩者並無區別。陽明之所謂「本體」，皆指本源的、對的、正的，純粹的；有一個心，而得天理者是心之本體。又如他說「愛」：「愛之本體固可謂之仁，但亦有愛得是與不是者，須愛得是方是愛之本體，方可謂之仁」（《王守仁全集》卷十，靜心錄之二，文錄二「與黃勉之，甲申第二書」），愛得「是」，才是「愛之本體」；又

如他說：「惡人之心，失其本體。」（《傳習錄》【34】），惡人之心則失去本體，就不再是本體了。所以他說：「心之本體，天理也」、「心之本體即是性」、「良知者，心之本體」，其屬性是「廓然大公、寂然不動」、「光光只是心之本體」、「明覺之自然」、「原是不覩不聞的，亦原是戒慎恐懼的」[6]。這麼比較起來，「心體」這個辭，就不能達意了。但「心體」一詞陽明亦曾用，但似多在他以「致良知」教人前，而且，他只說「要識得心體」、「見得自己心體」、「成就自家心體」、「養得心體正」[7]。因此在他看來，「心體」是需要去辨識與養成的，和「心」相近，而所成就的只是「心之本體」。可以說，緒山與龍溪，是在陽明天泉答問只強調「本體」一詞以後，才對兩詞的不同有了更深的領悟。所以，在版本 1，龍溪便立即改口問道：「本體透後，於此四句宗旨何如？」《傳習錄》卷下門人黃以方所錄，亦透露出此中消息：

　　先生起行征思、田，德洪與汝中追送嚴灘，汝中舉佛家實相幻相之說。先生曰：「有心俱是實，無心俱是幻；無心俱是實，有心俱是幻。」汝中曰：「有心俱是實，無心俱是幻，是本體上說工夫；無心俱是實，有心俱是幻，是工夫上說本體。」先生然其言。洪於是時尚未了達，數年用功，始信本體、工夫合一。但先生是時因問偶談，若吾儒指點人處，不必

6　分別見於《傳習錄》【41】、【81】、【152】、【155】、【72】、【160】、【266】等各章。

7　分別見於《傳習錄》【44】、【66】、【67】等各章。

借此立言耳。」（《傳習錄》【338】）

　　龍溪領悟陽明上兩語，其詮釋之語，亦是認為要在心上下本體工夫，工夫不用在心之本體上，是沒有用到根本，白費了工夫，終是虛幻的；後兩語則是說，見到了本體之無善無惡，才得了知陽明工夫之實。這意思與龍溪之「四無說」相通。黃以方點評道，龍溪之說，不可以為教法，所謂「不必借此立言」。這也與陽明「四句教」的精神一貫。

　　因此說，緒山與龍溪，九月初八夜同進請問之時，所稱的「心體」，與陽明所稱的「本體」之差別在於，「本體」排除了「習心」，而「心體」則尚未作此排除。

　　陽明教言在版本 1 中未使用「習心」一詞，但謂「習俗所染」，意指卻是相同的：「人心自有知識以來，已為習俗所染，今不教他在良知上實用為善去惡功夫，只去懸空想個本體，一切事為，俱不著實」。版本 2 與版本 3 有段話完全一樣，都用了「習心」一詞：「利根之人一悟本體，即是功夫，人己內外一齊俱透了。其次不免有習心在，本體受蔽」云云。陽明的意思是，學者的根器不同，利根之人，一下子就悟到了明瑩無滯的本體；不過這樣一透到頂直接成為九段高手的人百年不遇，一般人都是透不到本體的，這中間阻隔的東西就是「習心」。龍溪對此未置異同，與其說他是不以為然，毋寧說他是認為不切於己，他只認「本體」，只認一無俱無。所以龍溪只說「心體」，在他似乎「心體」「本體」並無二致。緒山則接受了陽明說的「習心」，所以他說「有善有惡」的時候，是針對著一般人，連著「習心」一起說進去的。而且他清楚地

知道「人有習心，意念上見有善惡在」，所以要通過格致誠正修的工夫來去除習心，回復到無善無惡的本體。但是緒山的困惑是，說習染，大家都習染了，才要做為善去惡工夫，來回復到無善無惡的本體；如果說有那直接見到本體的，還需要什麼工夫呢？（原話是：「若見得本體如此，只說無功夫可用，恐只是見耳」，「若原無善惡，功夫亦不消說矣」）所以陽明特別為緒山指出來：「良知本體原來無有，本體只是太虛」。既是無有良知本體，亦無有善惡，如何從此中體認無中生有，緒山還沒有「透」。根據陽明的這一說，前三種版本很可能有一誤記或口誤。

前三種版本皆說：「人有習心（或說：人心自有知識以來，已為習俗所染），今不教他在良知上實用為善去惡功夫，只去懸空想個本體，一切事為，俱不著實」，其中所謂「在良知上實用為善去惡功夫」，容易引起誤解。既然「良知者，心之本體」，良知當然是無善無惡的。而且「良知本體原來無有，本體只是太虛」，又哪裡來的善惡而資以用為善去惡功夫？在三個版本這句話的前面，版本 2 與版本 3 還有下面的話類似：「本體受蔽，故且教在意念上實落為善去惡，功夫熟後，渣滓去得盡時，本體亦明盡了」。這裡說的是在意念上為善去惡，就與「四句教」吻合無間了。由此一誤，我們也看出，陽明諸門人的記錄，是很認真的。

四、「四句教」是陽明工夫論之結晶

　　對於「四句教」一般的理解，上文所引梨洲所批評的一段話是有代表性的，其謂：「今之解者曰：『心體無善無惡是性，由是而發之為有善有惡之意，由是而有分別其善惡之知，由是而有為善去惡之格物。』層層自內而之外，一切皆是粗機，則良知已落後著，非不慮之本然，故鄧定宇以為權論也」。梨洲不同意這樣理解的主要理由是：工夫沒有放在良知上。放在「有善有惡意之動」以後，也就是放在了「已發」之後，所謂從已發求未發；而「不慮之本然」之時的良知本體被忽略了，工夫就都落在了所謂「粗機」上。梨洲對「今之解者」的批評是恰當的。

　　不過，梨洲認為「無善無惡心之體，有善有惡意之動，兩句只完得動靜二字」。如按此意見，「四句教」前兩句說念未動則沒有善念惡念之形，意念則有之；後兩句說良知是以其好惡辨得善惡，率性而行便是為善去惡。「四句教」就將大大偏向於良知工夫，而致良知工夫會顯得單薄，與「以後再不可更此四句宗旨」的諄諄囑咐，其重要性和信息量均不相稱。若是只將四句教當做對同一類人的教法，亦顯然未當，因為陽明是明白將學者分為利根、頓根兩大類型，四句教是「接利根人」與「為其次立法」兩種教法之歸納，要他的兩位高足日後相取為用以教人時，將「這話頭隨人指點自沒病痛」。因為「本體功夫一悟盡透，此顏子、明道所不敢承當，豈可輕易望人」，故四句中的頭一句「無善無惡心之體」，與意動之後的三句，

自是側重不同，雖說後三句是主要的、普遍適用的教法，直究本根的第一句亦皆應該參究。對於初學，從「有善有惡意之動」，即從分辨意念之善惡入手做工夫，這是陽明所常常提及的，下面再舉數例以見梨洲的解釋與陽明工夫之實之間，或有可商榷之處：

> 為學工夫有淺深，初時若不著實用意去好善、惡惡，如何能為善、去惡！（《傳習錄》【119】，以下凡同書均僅標明章次）

> 一日論為學工夫。先生曰：「教人為學不可執一偏。初學時心猿意馬，拴縛不定。其所思慮多是人欲一邊。故且教之靜坐息思慮。久之，俟其心意稍定。只懸空靜守，如槁木死灰，亦無用。須教他省察克治。省察克治之功，則無時而可間。如去盜賊，須有個掃除廓清之意。無事時，將好色好貨好名等私，逐一追究搜尋出來。定要拔去病根，永不復起，方始為快。常如貓之捕鼠。一眼看著，一耳聽著。纔有一念萌動，即與克去。斬釘截鐵，不可姑容與他方便。不可窩藏。不可放他出路。方是真實用功。方能掃除廓清。到得無私可克，自有端拱時在。雖曰『何思何慮』，非初學時事。初學必須思省察克治。即是思誠。只思一個天理。到得天理純全，便是何思何慮矣」。（【39】）

蓋心之本體本無不正，自其意念發動，而後有不正。故
欲正其心者，必就其意念之所發而正之，凡其一念而善
也，好之真如好好色，發一念而惡也，惡之真如惡惡
臭，則意無不誠，而心可正矣。（《陽明先生集要·理
學編·大學問》卷二，四部叢刊初編）

但這其中會產生一個易於混淆的問題：既然「意與良知當
分別明白。凡應物起念處，皆謂之意。意則有是有非，能知得
意之是與非者，則謂之良知」[8]，則良知應該是準備好了對
「意」之是非善惡加以判斷，但陽明對初學未主張先下此工
夫。而這裡實應當有一番工夫的，如陽明所說：「良知即是天
理。體認者，實有諸己之謂耳。非若世之想像講說者之為也。
近時同志，莫不知以良知為說，然亦未見有能實體認之者，是
以尚未免於疑惑」[9]。故至少是要有一番「體認良知」的先在
工夫。如此說來，第三句「知善知惡是良知」，應當放在第二
句「有善有惡意之動」之前，使一般的學者也在良知上先下一
段工夫，庶幾可以避免梨洲所說的「一切都是粗機」、蕺山所
說的「才著念時，便非本體，人若只在念起念滅上用工夫，一
世合不上本體，所謂南轅而北轍也」之流弊。將第二句與第三
句的位置做一掉換，在工夫次第上也比較合理：有善有惡，是
在知之同時或之後，因有了我之知，才見得善惡，這是陽明的

8　　《王守仁全集·卷十一·靜心錄之三·文錄三·答魏師說》。

9　　《王守仁全集·卷十一·靜心錄之三·文錄三·與馬子莘》。

一貫主張；況且，善惡既已形，便當為善去惡，中間更不必夾一知。陽明的四句教的先後，乃遷就了《大學》心、意、知、物的順序，而其實際的工夫次第或是有不同的。但是，四句教體現了陽明工夫論的兩個重點，卻無可懷疑。雖然心體上有工夫[10]，「然至善者，心之本體也，心之本體那有不善？如今要正心，本體上何處用得功？必就心之發動處纔可著力也。心之發動不能無不善，故須就此處著力，便是在誠意」（【318】）。這是第一個重點，在四句教的各個版本中一致都體現出來了。第二個重點是爭論最大的第一句「無善無惡心之體」，上文所列出五家的批評中，除梨洲認為應當做「無念」解之外，其餘四家莫不加以否定。這就須有一辨。

　　四句教的鄒守益版稱，緒山的話是「至善無惡者心」；梨洲引「無善無惡者理之靜」，以為陽明未嘗說心無善無惡；顧涇陽以為：陽明用《大學》的教法，心意知物並舉，就不得不將無善無惡的本體歸到「心」，其謂：「只緣就《大學》提宗，並舉心意知物，自不得不以心為本體。既以心為本體，自不得不以無善無惡屬心」。以上諸說，似皆未得陽明真意。陽明固謂心體本善，此特為顯著，如下引諸語皆是：

　　　心之本體則性也，性無不善，則心之本體本無不正也。
　　　（《大學問》）

10　如象山之重「辯志」，陽明亦謂「大抵吾人為學，緊要大頭腦，只是
　　『立志』。」（《傳習錄》【144】）

人性皆善，中、和是人人原有的，豈可謂無？（【76】）

至善者，性也；性元無一毫之惡，故曰至善。止之，是
復其本然而已。（【91】）

至善者，心之本體。本體上才過當些子，便是惡了；不
是有一箇善，卻又有一箇惡來相對也。故善、惡只是一
物。（【228】）

至善者，心之本體也，心之本體那有不善？（【317】）

善念存時，即是天理。此念即善，更思何善？此念非
惡，更去何惡？（【53】）

至善只是此心，純乎天理之極便是。（【4】）

　　所以，陽明對心體善惡的體認是善的，應該沒有疑義。但
是卻引起許多疑義，認為陽明既承認心體之善，就不可能說出
「無善無惡心之體」來，這裡的原因，似乎是疏忽了陽明自己
曾經對無善無惡有過解釋。陽明如是說：

著實用意便是誠意。然不知心之本體原無一物，一向著
意去好善、惡惡，便又多了這分意思，便不是廓然大公。
書所謂「無有作好、作惡」，方是本體。（【119】）

陽明又說：

> （陽明）曰：「無善無惡者理之靜，有善有惡者氣之
> 動，不動於氣，即無善無惡，是謂至善。」（薛侃）
> 曰：「佛氏亦無善無惡，何以異？」曰：「佛氏著在無
> 上，便一切不管。聖人無善無惡，只是『無有作好』、
> 『無有作惡』，此之謂不動於氣。」曰：「草既非惡，
> 是草不宜去矣！」曰：「如此卻是佛、老意見，草若有
> 礙，理亦宜去。」曰：「如此又是作好作惡。」曰：
> 「不作好惡，非是全無好惡，只是好惡一循於理，不去
> 著一分意思，即是不曾好惡一般。」曰：「然則善惡全
> 不在物。」曰：「只在汝心。循理便是善，動氣便是
> 惡。」曰：「畢竟物無善惡。」曰：「在心如此，在物
> 亦然。世儒惟不知此，舍心逐物，將格物之學錯看
> 了。」（【101】）

　　陽明所引「無有作好、無有作惡」出自《尚書‧洪範》：
「無有作好，遵王之道；無有作惡，遵王之路」。人固有好
惡。《大學》：「如好好色，如惡惡臭」，好惡只是人的生理
反應。但人性既善，人之所好，當在好在善；人之所惡，當在
惡在臭。故就人性言善惡，所發出的是好與惡，而克就性體言
之，言好惡即是言善惡；就人性言好惡，既是一循天理之本
然，則並無作好作惡。陽明即簡明直接地指稱：「聖人無善無
惡，只是『無有作好』、『無有作惡』」。陽明必言「無善無

惡心之體」的用意，如下更作幾點說明：

　　心體處於不作好不作惡時，善惡的準的雖不見而確然在，這個準的，所謂知善知惡者，便是良知。陽明在天泉證道中將其比喻為太虛（即天空）：「良知本體原來無有，本體只是太虛。太虛之中，日月星辰，風雨露雷，陰霾饐氣，何物不有？」對於學者，知善知惡的良知，可以如「我欲仁斯仁至矣」般立時斷定意念之善惡，但在意念未發時，畢竟要認識到有個不作好惡的良知本體在。若沒有認識到這個本體，沒有確立這個本體，則陽明一生的追尋，就沒有發掘出人生偉大、尊嚴的力量之源頭。因此，在四句教體現的陽明工夫，在結構上，必須有第一句之在先。此如朱元晦、呂祖謙編撰《近思錄》，反復斟酌，終不能不安放一篇「道體」在先。故謂「無善無惡」乃指示須認識心之本體，此其一。

　　意念發動時，善惡都是具體的，皆因物而體現。但善惡必有其不因一事一物移易之準的，此雖抽象，然而有物，雖空無所見，卻炯炯如在。陽明屢言鏡與照、火與燭，鏡子是根本準的，照則因事而發；火是一切火，未見燭光輒謂無火，則大謬矣。陽明工夫以「誠意」為中心；誠意一路向外，則與事物相聯，但若無「本體」透出，即不能符合陽明對善惡淵源的根本思考，而將以為事上有善惡。故此一回轉，物之善惡，意之善惡，經良知尺度之甄別[11]，自見其有善惡，然後才有「格物」

11　陽明之「良知」，乃衡量善惡之尺度，讀下引一章，更能明白：夫良知之於節目時變，猶規矩、尺度之於方圓、長短也：節目時變之不可預

工夫。此如象山謂「在人情事勢上用功夫」，是說的據本心而發義利之辨，非徒模擬古今之事跡、只求在一事一時下工夫也，此一層切不可誤解。所以陽明會說：「我此論學，是無中生有的工夫」。他又說：「如何講求得許多？聖人之心如明鏡，只是一箇明，則隨感而應，無物不照……只怕鏡不明，不怕物來不能照。講求事變，亦是照時事，然學者卻須先有箇明的工夫。學者惟患此心之未能明，不患事變之不能盡」（【21】）。再歸結而言之：若因一時之一事一物好惡所見事物之善惡，遂視為其事其物屬性之善惡，則是善惡在事物而不在我心。所以，善惡因時因事，亦無時無事，故我心不可作好作惡，是心體無善無惡，故只體認天理，即體認良知，體認心體之本然。「無善無惡」乃指示工夫本末，此其二。

　　良知本體「虛靈明覺」，無善無惡，我們容易了解到的意思，如同自荀子說的「心何以知？曰：虛壹而靜」（《荀子》〈解蔽篇〉），是認識論意義上的「知」以「虛」為必要條件，這也是陽明所常說的。今天我們似乎可以更深入地理解到，陽明對心體不作好惡的指示，可為人類社會的相處指示出規則，這就是不可以私意之好惡以為好惡，進而推擴此好惡。這是告誡人們於作好作惡處應該加意謹慎，要有一番自覺、自

定，猶方圓、長短之不可勝窮也。故規矩誠立，則不可欺以方圓，而天下之方圓不可勝用矣；尺度誠陳，則不可欺以長短，而天下之長短不可勝用矣；良知誠致，則不可欺以節目時變，而天下之節目時變不可勝應矣。（《傳習錄》【139】）

律。同時也可以理解為對人與自然界的相處指示出規則，這是一種尊重自然、取與有度、絕不依人類一時之好惡任意而行。這一點在《傳習錄》【101】「偘去花間草」章體現得特為明顯。統括地說，不作好惡，即是不主觀故意地衡斷事物之善惡，從而因我之好惡將善惡固定在事物上，所謂「愛之欲其生，惡之欲其死」。我們從歷史上，看到的獨裁專制造成的苦難，看到的人類對於自然的破壞而回收到的報復，應該捫心自問、深刻反思。當我們重溫陽明所說的：「已後講學，不可失了我之宗旨」，不得不歎服陽明的先見之明。故可謂「無善無惡」指示了一個人類行為的糾偏機制，此其三。

五、餘論

「四句教」是陽明思想的結晶，是陽明工夫論的結晶，四句原是一個不可分割的整體，陽明自己當時就說：「初學用此，循循有入，雖至聖人，窮究無盡」，「二君之見正好相取，不可相病」。但是，若就陽明當時判斷的德洪、汝中兩人之見所可能導致的弊病來看，顯然是汝中的弊病的後果要嚴重，所以前三個版本都記錄了陽明同樣的話：「人有習心，不教他在良知上實用為善去惡功夫，只去懸空想個本體，一切事為俱不著實，不過養成一個虛寂；此個病痛不是小小，不可不早說破」。更為穩當的路徑，當然是初學從「有善有惡意之動」以後著力。亦如孔子所言之「下學而上達」（《論語》〈憲問〉），此乃陽明工夫最寬闊之通途：

問上達工夫。先生曰：「後儒教人，纔涉精微，便謂上達未當學，且說下學；是分下學、上達為二也。夫目可得見，耳可得聞，口可得言，心可得思者，皆下學也；目不可得見，耳不可得聞，口不可得言，心不可得思者，上達也。如木之栽培灌溉，是下學也；至於日夜之所息，條達暢茂，乃是上達，人安能預其力哉！故凡可用功、可告語者皆下學，上達只在下學裏。凡聖人所說，雖極精微，俱是下學。學者只從下學裏用功，自然上達去，不必別尋箇上達的工夫。」（【24】）

照此來說，「四句教」便是一個整體的「下學」、一個整體的教法，因為「凡可用功、可告語者皆下學」，所以並未有個「上達工夫」。陽明教人，遇到見問「心之本體」，常要人自己思量去，即是因此。汝中的「四無說」，是靠不住的。這是陽明「四句教」的一個矛盾：既然汝中的「四無說」不應作為工夫，為什麼陽明又說「我這裡接人，原有此二種」，將汝中工夫亦作為一種呢？解釋這個矛盾，只能從「教法」來說：汝中工夫「只好默默自修，不可執以接人」，即有此自修之一途，故「四句教」是隨處指點人的話頭。當我們學習領悟陽明工夫的時候，更應該將「教法」與「自修」合視為陽明工夫之整體。在意念上實落為善去惡工夫，而初學立志，還須直問純善本體。如此實踐，似乎可以更好地領悟陽明思想。未知有得於陽明之學之諸君亦以為然而有以教我否？

陽明先生「致良知」探微

一、陽明之「心」與「本體」

　　陽明常說「良知本體」，良知就是本體，本體就是「心之本體」，此即是陽明心目中的「心」。故欲探究陽明之「致良知」，須先梳理陽明所謂的「良知本體」，也就是陽明之所謂「心」。

　　如同陽明認為，「愛之本體固可謂之仁，但亦有愛得是與不是者，須愛得是方是愛之本體，方可謂之仁」[1]。陽明樂於將對的部分稱為「本體」，所以他也只承認「心」的對的部分才能代表「心」。陽明之「心」是一個純純的、得其正的「心之本體」。但陽明在較早的時期，似乎還未能將「本體」這一概念嚴格確定下來，所以多說「心體」，如：

　　1-1、問：「名物度數亦須先講求否？」先生曰：「人
　　　　只要成就自家心體，則用在其中。如養得心體，果有

---

[1]　《王守仁全集》卷十，靜心錄之二，文錄二〈與黃勉之〉，甲申第二
　　書。

『未發之中』，自然有『發而中節之和』，自然無施不可。苟無是心，雖預先講得世上許多名物度數，與己原不相干，……。」又曰：「人要隨才成就。才是其所能為，如夔之樂，稷之種，是他資性合下便如此；成就之者，亦只是要他心體純乎天理，其運用處皆從天理上發來，然後謂之才。到得純乎天理處，亦能『不器』，使夔、稷易藝而為，當亦能之。」又曰：「如『素富貴行乎富貴，素患難行乎患難』，皆是『不器』。此惟養得心體正者能之。」（《傳習錄》【67】，以下凡同書均僅標明章次）

這裡說，「養得心體正」、「成就心體」，似乎此時其所見之心體尚可有夾雜不正不善的部分。

1-2、或曰：「人皆有是心。心即理，何以有為善有為不善？」先生曰：「惡人之心，失其本體。」（【34】）

1-3、問：「道一而已，古人論道，往往不同，求之亦有要乎？」先生曰：「道無方體，不可執著，卻拘滯於文義上求道，遠矣。如今人只說天，其實何嘗見天！謂日、月、風、雷即天，不可；謂人、物、草、木不是天，亦不可。道即是天。若識得時，何莫而非道。人但各以其一隅之見，認定以為道止如此，所以不同。若解向裏尋求，見得自己心體，即無時無處不是此道，亙古

亘今,無終無始,更有甚同異。心即道,道即天,知心則知道、知天。」又曰:「諸君要實見此道,須從自己心上體認,不假外求,始得。」(【66】)

1-4、性之本體,原是無善、無惡的;發用上也原是可以為善、可以為不善的;其流弊也原是一定善、一定惡的。譬如眼,有喜時的眼,有怒時的眼,直視就是看的眼,微視就是覷的眼;總而言之,只是這箇眼。若見得怒時眼,就說未嘗有喜的眼,見得看時眼,就說未嘗有覷的眼,皆是執定,就知是錯。孟子說性,直從源頭上說來,亦是說箇大概如此。荀子性惡之說,是從流弊上說來,也未可盡說他不是;只是見得未精耳。眾人則失了心之本體。(【308】)

上引之 1-2,惡人之心失其本體,與上引之 1-1 固不同,不言「心體」而言「本體」,此「心」與「心體」差不多,不是純乎善的,而「本體」已是純善。上引之 1-3,陽明所狀之「心體」,與下引之 1-10 所狀之「本體」無異。「本體」即是「心之本體」之簡稱,此由上引之 1-4 可見。陽明之「心」,可以至於純乎天理,這時便與「性」沒有區別;說心之本體,也即說性之本體,這是陽明說「本體」的特徵之一:心性無別。下引之 1-5 與 1-6 可見,心之本體一旦為私欲障礙,似乎就是完全消失了,窒塞了,或者「過些子」,便不可稱為本體了。又由 1-6 看出「本體」的特徵之二:本體至善。

1-5　心之本體無所不該，原是一箇天，只為私欲障礙，
則天之本體失了；心之理無窮盡，原是一箇淵，只為私
欲窒塞，則淵之本體失了。如今念念致良知，將此障礙
窒塞一齊去盡，則本體已復，便是天、淵了。
（【222】）

1-6、先生曰：「至善者，心之本體。本體上才過當些
子，便是惡了；不是有一箇善，卻又有一箇惡來相對
也。故善、惡只是一物。」（【228】）

　　本體的第三個特徵：「為慾遮隔」；慾者，私慾、物慾皆
是。由下引之 1-7、1-8、1-9 可見，對於一般人如「眾人」，
本體不可見，因為已經被「習心」、「私慾」、「物慾」遮隔
了，自聖人以下，都不能避免。

1-7、惟乾問：「知如何是心之本體？」先生曰：「知
是理之靈處；就其主宰處說，便謂之心，就其稟賦處
說，便謂之性。孩提之童，無不知愛其親，無不知敬其
兄，只是這個靈能不為私慾遮隔，充拓得盡，便完全是
他本體，便與天地合德。自聖人以下，不能無蔽，故須
『格物』以致其知。」（【118】）

1-8、利根之人，直從本原上悟入，人心本體原是明瑩
無滯的，原是個未發之中。利根之人一悟本體，即是功

夫，人己內外一齊俱透了。其次不免有習心在，本體受蔽，故且教在意念上實落為善去惡，功夫熟後，渣滓去得盡時，本體亦明盡了。（【315】）

1-9、又曰：「良知在夜氣發的方是本體，以其無物慾之雜也。學者要使事物紛擾之時，常如夜氣一般，就是『通乎晝夜之道而知』。」（【268】）

　　本體的第四個特徵是「明瑩無滯」，對此特徵，陽明並有「太虛」、「明覺」、「虛靈不昧」等說法，它說尚甚多，除上引之 8，這裡并略舉下引之 10、11、12 數條以見。

1-10、良知本體原來無有，本體只是太虛。太虛之中，日月星辰，風雨露雷，陰霾饐氣，何物不有？而又何一物得為太虛之障？人心本體亦復如是。太虛無形，一過而化，亦何費纖毫氣力？德洪功夫須要如此，便是合得本體功夫。（錢德洪《年譜》丁亥年條下）

1-11、「照心非動」者，以其發於本體明覺之自然，而未嘗有所動也；有所動即妄矣。「妄心亦照」者，以其本體明覺之自然者，未嘗不在於其中，但有所動耳；無所動即照矣。（【160】）

1-12、「虛靈不昧，眾理具而萬事出。心外無理，心外

無事。」（【32】）

1-13、澄曰，惻隱，羞惡，辭讓，是非，是性之表德
耶？曰，仁義禮智，也只是表德。……心之發也，遇父
便謂之孝，遇君便謂之忠。自此以往，名至於無窮，只
一性而已。（【38】）

上引之 1-13，特別見得陽明說本體之明潔，忠孝節義、
惻隱羞惡辭讓是非、仁義禮知，統統只是心已發之後的名色，
只是「表德」。

如上所述，陽明所謂「本體」有心性無別、本體至善、為
慾遮隔、明瑩無滯四個基本的特徵，若更簡潔地看，可以說：

陽明說的「心」，只有一個「本體」，說「心即理」、
「心即道」的時候，說的就是這純是理的心——本體。至於其
他的心，似乎甚至都不能稱作「心」，只可稱為「習心」，或
者「好色、好利、好名等心」（【72】），或者「私慾」、
「物慾」。因為不夾雜其他不正之心，所以這「心之本體」，
是純乎善的、至善的。本體是這麼乾淨，可以譬如明鏡之不存
纖埃，晴空之不留片雲，昭明靈覺。雖說「本體」來得容易，
乃人人都具備的「稟賦」，卻也失去得容易。通常，本體皆為
習心、人欲所遮蔽，故一般人的本體就失去無不善的特性而不
成其為「本體」了。這好像是，只要有一纖之塵，便不可謂為
明鏡；只要有一絲雲彩，便不可謂為晴空。

試將陽明之說「心」，比較一下朱子與象山之說「心」，

更見其特致。先將朱子論「心」之最要者擇引如下：

> 1-14、「心者，人之神明，所以具眾理而應萬事者也。性則心之所具之理，而天又理之所從以出者也。人有是心，莫非全體，然不窮理，則有所蔽而無以盡乎此心之量。故能極其心之全體而無不盡者，必其能窮夫理而無不知者也。既知其理，則其所從出，亦不外是矣。」
>
> （《孟子集注》〈盡心上〉）[2]

　　由上引之 1-14，朱子之「心」與「性」是有分別的，心是全體，性只是心的一部分：「心之所具之理」。心性有別，卻又不能明白切割，使得朱子對本體的特徵的描述不能清晰。朱子雖然亦認為有一個「心之本體」，但對於性之善、本體之善，卻總是考慮到「心之全體」，而心性混說，遂至不能確信。如下所引之 1-16 與 1-17，雖認人性本善，卻一說性又須說到性兼善惡；雖不分別義理之性與氣質之性，卻不能發揮本體之明。至於「氣質薰染」、「氣稟所拘」、「人欲所蔽」等，皆直接針對本體，使得本體不能保持其純其善其正。這種

---

[2]　朱子既然說「心具眾理」，那麼他說「窮理」，就應該就心上去「窮」。可是朱子卻強調「讀書窮理」，那麼也應該說「書具眾理」，就是在內在外都有同一個理。在此前提下，向外去窮理，窮得了理，再輸送回心，這就如後人說的「費轉手」了。不過，這麼來說「心具眾理」，有什麼必要呢？蓋因為書總歸是出於人的，倘心不具眾理，書中的理從何而來？但此具眾理之心，非聖人不能而已。

「熏染」導致的扭曲，與陽明說的「遮隔」，是截然不同的，不是明鏡與塵埃的關係，而是水與流的關係，是水質直接改變了。或者換句話說，陽明的心體雖然被遮蔽，卻總是乾淨的；朱子的心體，熏染之後，成了變質的不乾淨的心體。下引之1-15，朱子以仁義禮知為性之實，所以很費力地說「才說性，便有不是」。陽明以仁義禮知為性之表德者，其所言性之虛靈不昧（見 1-12），與朱子所言雖同（見 1-17），卻大異其趣。下引諸條，朱子又謂：

1-15、問：「心之為物，眾理具足。所發之善，固出於心。至所發不善，皆氣稟物欲之私，亦出於心否？」曰：「固非心之本體，然亦是出於心也。」又問：「此所謂人心否？」曰：「是。」子升因問：「人心亦兼善惡否？」曰：「亦兼說。」（《朱子語類》卷五）

1-16、問：「《近思錄》中說性，似有兩種，何也？」曰：「此說往往人都錯看了。才說性，便有不是。人性本善而已，才墮入氣質中，便熏染得不好了。雖熏染得不好，然本性卻依舊在此，全在學者著力。今人卻言有本性，又有氣質之性，此大害理！」（《朱子語類》卷九十五）

1-17、明德者，人之所得乎天，而虛靈不昧，以具眾理而應萬事者也。但為氣稟所拘，人欲所蔽，則有時而

昏；然其本體之明，則有未嘗息者。故學者當因其所發
而遂明之，以復其初也。（《大學章句》）

1-18、蓋如吾儒之言，則性之本體便只是仁義禮智之
實。……而四者又非有形象方所，可撮可摩也；但於渾
然一理之中，識得箇意思情狀，似有界限，而實非有牆
壁遮攔分別處也。然此處極難言，故孟子亦只於發處言
之。（《宋元學案》卷四十八）

　　就 1-17 所說的靈明言，與陽明象山言極相似；1-18 則又
含糊了，性又有「性之本體」，性中的仁義禮智，不像陽明似
的分表裡以言，卻似乎是混沌無界別的，似有物而無物。
　　陽明之所謂「本體」，朱子有時所謂之「本體」，象山通
常謂之「本心」：

1-19、孟子曰：「所不慮而知者，其良知也；所不學而
能者，其良能也。此天之所與我者，我固有之，非由外
鑠我也。」故曰：「萬物皆備於我矣，反身而誠，樂莫
大焉。」此吾之本心也。所謂安宅、正路者，此也；所
謂廣居、正位、大道者，此也。此理本天所以與我，非
由外鑠。（《象山全集》卷一〈與曾宅之〉）

1-20、中人之質，戕賊之餘，以講磨之力，暫息斧斤，
浸灌於聖賢之訓，本心非外鑠，當時豈不和平安泰，更

無艱難。繼續之不善，防閑之不嚴，昏氣惡習，乘懈而
熾，喪其本心。覺之則來復，豈得無艱屯？一意自勉，
更無他疑，則屯自解矣。（《象山全集》卷四〈與諸葛
誠之〉）

1-21、戕賊陷溺之餘，此心之存者，時時發見，若火之
始然，泉之始達。苟充養之功不繼，而乍明乍滅，乍流
乍窒，則淵淵其淵，浩浩其天者，何時而可復耶？
（《象山全集》卷五〈與戴少望〉）

　　由上引之 1-20 可見，象山說「本心」，似全用《孟子》
「牛山之木」章之意。本心純粹不夾雜，雖斧斤戕賊而喪，但
天理種子並不變質，不但保存生機以待恢復，更可以如 1-21
所說的「時時發見，若火之始然，泉之始達」，繼續發揮作
用。所以象山之「心」，特別簡潔明快，不說「氣質之性」，
不說「習心」。因此我們看到，象山的「本心」與陽明的「心
之本體」，因其全係天理，為人心之主宰，所以可以發揮很大
的力量；這一點，與朱子對「人心、人性」的遲疑，是截然不
同的。又如下引 1-22、1-23 所見，象山的心、性、情並不作
嚴格區分，陽明說象山「只是粗些」，或也是因了這些處。陳
北溪便批評象山：「今指人心為道心，便是告子生之謂性之
說」。象山之「心」當然是善的，與陽明「本體至善」無不
同，但不指為性，直稱四端為本心，乾淨利落，沒有朱王之糾
葛。

1-22、問「如何是本心」。先生曰：「惻隱，仁之端也。羞惡，義之端也。辭讓，禮之端也。是非，智之端也。此即是本心。」（《宋元學案》卷五十八〈附錄〉）

1-23、四端者，即此心也；天之所以與我者，即此心也。人皆有是心，心皆具是理，心即理也。故曰「理義之悅我心，猶芻豢之悅我口」。所貴乎學者，為其欲窮此理，盡此心也。有所蒙蔽，有所移奪，有所陷溺，則此心為之不靈，此理為之不明，是謂不得其正。（《象山全集》卷十一〈與李宰〉）

1-24、蓋人受天地之中以生，其本心無有不善，吾未嘗不以其本心望之，乃孟子人皆可以為堯舜，齊王可以保民之義。（《象山全集》卷二〈與王伯順〉）

茲以下附之簡表，略示三家言心之異同：

	形象方所	心與性	常人之心	心之善惡
陽明	明瑩無滯	心性無別	為慾遮隔	本體至善
朱子	虛靈不昧	心性混處	人慾所蔽	心兼善惡
象山	四端	心性無別	惡習戕賊	本心至善

二、陽明之「知」與「良知」

「知」，是陽明學問之核心，也是陽明工夫之核心。[3]陽明之「知」，有時而作動詞用，用如知見之「知」，與通常之習用者無異，如：

> 2-1、善念發而知之、而充之，惡念發而知之、而遏之。知與充與遏者，志也，天聰明也。聖人只有此，學者當存此。（【71】）

> 2-2、知善知惡的是良知。（【315】）

> 2-3、善雖知好，不能著實好了，惡雖知惡，不能著實惡了，如何得意誠？（【317】）

陽明之「知」又作名詞用，可分為兩類。一類是知識之「知」，也與通常所習用者無異，如：

> 2-4、知如何而為溫清之節，知如何而為奉養之宜者，

3　陽明弟子劉陽謂：「中，知之不倚於睹聞也；敬，知之無怠者也；誠，知之無妄者也；靜，知之無欲者也；寂，知之無思為者也；仁，知之生生與物同體者也。各指所之，而皆指夫知之良也，致知焉盡矣」（《明儒學案》卷十九）。竟似欲以「知」字為宋學以來工夫諸概念之核心。

所謂「知」也，而未可謂之「致知」。（【138】）
（案，這等於說「如何而為溫清之節之知，如何而為奉養之宜之知」，具備知識之意。）

2-5、今欲別善惡以誠其意，惟在致其良知之所知焉爾。（《大學問》，引自《陽明先生集要》理學編，卷二，四部叢刊初編。下同。）

另一類最要緊，是陽明所獨見：

2-6、知是心之本體，心自然會知。（【8】）

2-7、九川疑曰：「物在外，如何與身、心、意、知是一件？」先生曰：「耳、目、口、鼻、四肢，身也，非心安能視、聽、言、動？心欲視、聽、言、動，無耳、目、口、鼻、四肢亦不能。故無心則無身，無身則無心。但指其充塞處言之謂之身，指其主宰處言之謂之心，指心之發動處謂之意，指意之靈明處謂之知，指意之涉著處謂之物，只是一件。……」九川乃釋然破數年之疑。（【201】）

2-8、身之主宰便是心，心之所發便是意，意之本體便是知，意之所在便是物。（【6】）

2-9、無知無不知，本體原是如此。譬如日未嘗有心照
物而自無物不照。無照無不照，原是日之本體。良知本
無知，今卻要有知，本無不知，今卻疑有不知，只是信
不及耳。（【282】）

自來的理學家們說到「本體」、「心體」的時候，有許多
認為若有一物，楊慈湖謂：「觀書有疑，終夜不能寐，曈曈欲
曉，灑然如有物脫去，此心益明」（《宋元學案》卷七十
四）。陳白沙謂：「久之，然後見吾此心之體，隱然呈露，常
若有物，日用間種種應酬，隨吾所欲」（《明儒學案》卷
五）。聶雙江謂：「獄中閒久靜極，忽見此心真體光明瑩徹，
萬物皆備，乃喜曰：此未發之中也，守是不失，天下之理皆從
此出矣」（《明儒學案》卷十七）。亦有述及「本體」由有一
物到無物的兩番光景，如高攀龍謂：先時「自見本體」，後來
乃「一念纏綿，斬然遂絕，忽如百斤擔子，頓爾落地；又如電
光一閃，透體通明，遂與大化融合無際，更無天人內外之隔；
至此見六合皆心，腔子是其區宇，方寸亦其本位，神而明之，
總無方所可言也。平日深鄙學者張惶說悟，此時只看作平常，
自知從此方好下工夫耳」（《明儒學案》卷五十八）。萬思默
（王龍溪弟子）先謂：「久之，忽覺此心推移不動，兩三日內
如癡一般，念忽停息，若有一物胸中隱隱呈露，漸發光明」；
其後乃謂，「些子光明須普散在世界上，方是明明德於天下」
（《明儒學案》卷十二，王龍溪〈贈思默〉）。

類如上述諸家體悟，陽明則惟以一「知」字表徵之。此

「知」，如 2-7、2-8 所說，與身、心、意不可分，「只是一件」，故其為確然有物之「本體」。又如 2-6、2-7 所說，乃一「靈明」，代表了「心」的此一特徵或功能。所以有 2-9 之說，「無知無不知」。若是要作個譬喻，那譬如我們說人體的「消化功能」，它是確定的存在，可是又不能單獨存在，也無法確指為一物。只好或然說，指其體為「胃」，其靈明為「消化功能」，而又必得消化發生（所謂「必有事焉」）才得見此功能。陽明之「知」，對於朱子《大學章句》以來「知」的流行解釋，是一大顛覆。所以陽明說：「近世格物致知之說，只一『知』字尚未有下落，若致字工夫，全不曾道著矣」（《王守仁全集》卷十，靜心錄之二，文錄二〈與陸原靜〉，壬午）。

　　陽明之「知」尤其重要的是為人類所獨具，脫離了耳目口鼻之慾束縛的人之靈覺、人心之本體。既認為心之本體無有不善，則「知」的最重要的特徵當然是：「知無不良」，故謂「良知」。如下引 2-10、2-11、2-12、2-13，「良知」具備「知」的全部特徵，是對「知」加以「良」的定性。下引之 2-14、2-15 與 2-16，見得「良知」與「知」皆純粹之本然。

　　2-10、性無不善，故知無不良。（【155】）

　　2-11、心自然會知。見父自然知孝，見兄自然知弟，見孺子入井自然知惻隱，此便是良知，不假外求。（【8】）

2-12、良知之外，更無知；致知之外，更無學。外良知
以求知者，邪妄之知矣；外致知以為學者，異端之學
矣。（《王守仁全集》卷十一〈與馬子莘〉，丁亥）

2-13、心者，身之主也；而心之虛靈明覺，即所謂本然
之良知也。（【136】）

2-14、夫心之本體，即天理也，天理之昭明靈覺，所謂
良知也。（《明儒學案》卷十）

2-15、未發之中，即良知也，無前後內外而渾然一體者
也。（《明儒學案》卷十）

2-16、良知在夜氣發的方是本體，以其無物欲之雜也。
（【268】）

　　陽明之「良知」一詞，當然是出自孟子。《孟子・盡心
上》：「人之所不學而能者，其良能也；所不慮而知者，其良
知也。孩提之童，無不知愛其親者；及其長也，無不知敬其兄
也。親親，仁也；敬長，義也」。孟子的意思在於強調仁義在
人性表現上的普遍性。但是陽明說的良知，卻並不擇取孟子的
這一個意思，他強調的是「惻隱、羞惡、恭敬、是非」四心[4]

---

[4]　自來前賢言《孟子》之「四端」，與言「四心」相同，皆指「惻隱、羞

的最後一項，「是非之心」：

> 2-17、良知者，孟子所謂「是非之心，人皆有之」者
> 也。是非之心，不待慮而知，不待學而能，是故謂之良
> 知，是乃天命之性，吾心之本體，自然良知明覺者也。
> （《大學問》）

　　孟子四端，前三與後一不同，惻隱、羞惡、恭敬，都是或肯定或否定的單一種情感，在陽明的理論框架中難以作為完備的判斷標準；如惻隱之心，本身並無「惻隱」或「非惻隱」的判斷，也並不能時時處處適用。故陽明只取「是非之心」為良知，而可以進而言好惡、言知善知惡、言好善惡惡、言存善去惡。在陽明這裡，四端之前三，是如孟子所言是「不慮而知」的，隨著人的生理反應不由自主地呈現；但後一「是非」，雖說「不待慮而知，不待學而能」，而其實是以「好惡」為依據的。就此而言，陽明的工夫論，未將直接的、生理感應性的、道德情感的呈現，置於工夫的關鍵位置，而注重在是否有應對事物的普遍關聯性與實踐性，於此才好下工夫。

> 2-18、良知只是箇是非之心。是非只是箇好惡，只好惡
> 就盡了是非。只是非就盡了萬事萬變。（【288】）

惡、恭敬、是非」。「恭敬」與「辭讓」亦常互換，其意可通。至《中
庸》之「慎獨」，亦常見稱「謹獨」。

　　良知既是「是非之心」，就要「如好好色，如惡惡臭」（大學語）般地可以直接作出是非判斷，進而可說所好必善、所惡必惡，純乎天理之呈現。當然，好惡得當，卻不是輕易可以做得到的，亦須有道，需要有知「良知」之「知」。

　　2-19、不可謂未發之中常人俱有。（【45】）

　　2-19A、夫惟有道之士，真有以見其良知之昭明靈覺，圓融洞澈，廓然與太虛而同體。太虛之中，何物不有？而無一物能為太虛之障礙。蓋吾良知之體，本自聰明睿知，本自寬裕溫柔，本自發強剛毅，本自齊莊中正文理密察，本自溥博淵泉而時出之，本無富貴之可慕，本無貧賤之可憂，本無得喪之可欣戚，愛憎之可取捨。（《王守仁全集》卷十一，靜心錄之三，文錄三〈答南元善〉，丙戌）

　　如前文所論及，在陽明看來，只認「良知」為人之「知」，故只有「良知」可以稱為「知」，所以也如「知」，使人的心、以及四體五官得以發揮其「良知」之功能：

　　2-20、蓋吾之耳而非良知，則不能以聽矣，又何有於聽？目而非良知，則不能以視矣，又何有於明？心而非良知，則不能以思與覺矣，又何有於睿知？然則，又何有於寬裕溫柔乎？又何有於發強剛毅乎？又何有於齊莊

中正文理密察乎？又何有於溥博淵泉而時出之乎？（同
2-19）

這裡特別需要加以說明的是，陽明所謂的四體五官的功能
不是簡單的、物理的、動物性的功能。因為是由良知所主宰，
而良知本體即是天理，所以生理的、物理的因素，必須由社會
的、倫理的因素來主宰。人的「耳、目、口、鼻、四肢」固然
是「生理」，是「性」，卻也是「天理」、「仁」。人與禽獸
同有四體五官，但是人的「耳、目、口、鼻、四肢，要非禮勿
視、聽、言、動」，要由心之本體，也即是由良知來主宰；而
且此一主宰，要到個「才有一毫非禮萌動，便如刀割、如針
刺」的深刻認真程度。陽明指出了這一點，人類之生理於此才
真正有別於禽獸，而不為「私意」、「人欲」、「軀殼」所操
控，陽明特構一辭為「性之生理」。

2-21、惠（蕭惠）良久曰：「惠亦一心要做好人，便自
謂頗有為己之心。今思之，看來亦只是為得箇軀殼的
己，不曾為箇真己。」
先生曰：「真己何曾離著軀殼？恐汝連那軀殼的己也不
曾為。且道汝所謂軀殼的己，豈不是耳、目、口、鼻、
四肢？」
惠曰：「正是為此；目便要色，耳便要聲，口便要味，
四肢便要逸樂，所以不能克。」
先生曰：「美色令人目盲，美聲令人耳聾，美味令人口

爽，馳騁田獵令人發狂，這都是害汝耳、目、口、鼻、四肢的，豈得是為汝耳、目、口、鼻、四肢！若為著耳、目、口、鼻、四肢時，便須思量耳如何聽，目如何視，口如何言，四肢如何動；必須非禮勿視、聽、言、動，方才成得箇耳、目、口、鼻、四肢，這箇才是為著耳、目、口、鼻、四肢。汝今終日向外馳求，為名、為利，這都是為著軀殼外面的物事。汝若為著耳、目、口、鼻、四肢，要非禮勿視、聽、言、動時，豈是汝之耳、目、口、鼻、四肢自能勿視、聽、言、動，須由汝心。這視、聽、言、動，皆是汝心；汝心之視，發竅於目，汝心之聽，發竅於耳，汝心之言，發竅於口，汝心之動，發竅於四肢；若無汝心，便無耳、目、口、鼻。所謂汝心，亦不專是那一團血肉；若是那一團血肉，如今已死的人，那一團血肉還在，緣何不能視、聽、言、動？所謂汝心，卻是那能視、聽、言、動的，這箇便是性，便是天理。有這箇性，才能生這性之生理，便謂之仁。這性之生理發在目，便會視；發在耳，便會聽；發在口，便會言；發在四肢，便會動，都只是那天理發生。以其主宰一身，故謂之心。這心之本體，原只是箇天理，原無非禮。這箇便是汝之真己，這箇真己是軀殼的主宰。若無真己，便無軀殼；真是有之即生，無之即死。汝若真為那箇軀殼的己，必須用著這箇真己，便須常常保守著這箇真己的本體，戒慎不覩，恐懼不聞，惟恐虧損了他一些；才有一毫非禮萌動，便如刀割、如針

刺，忍耐不過，必須去了刀、拔了針。這才是有為己之心，力能克己。汝今正是認賊作子，緣何卻說有為己之心不能克己！」（【122】）

按照陽明這個說法，也可以說，無天理便無人類的「耳、目、口、鼻、四肢」，無心體便無人類的「耳、目、口、鼻、四肢」，無誠意便無人類的「耳、目、口、鼻、四肢」：

2-22、身之主宰便是心，心之所發便是意，……意在於視、聽、言、動，即視、聽、言、動便是一物。所以某說無心外之理，無心外之物。（【6】）

陽明將人體五官四肢的功能視為一物，這些「物」為「心」所驅使而動，當然「無心外之物」。特別地，為「虛明靈覺之心」所驅動、為「心之理」所驅動，這便可以說「無心外之理」。因為意為心之所發，所以也可以說是「無意外之理，無意外之事」，下條所謂的「感應而動」：

2-23、心者，身之主也，而心之虛靈明覺，即所謂本然之良知也。其虛靈明覺之良知應感而動者，謂之意。有知而後有意，無知則無意矣。知非意之體乎？意之所用，必有其物，物即事也。如意用於事親，既事親為一物，意用於治民，即治民為一物，意用於讀書，即讀書為一物，意用於聽訟，即聽訟為一物。凡意之所用，無

　　有無物者：有是意即有是物，無是意即無是物矣。物非
　意之用乎？（【137】）

　　所以，陽明說的心外無理，為主指的是倫理，是受到「天
理」的約束和規範，「虛明靈覺」之知所發之意，與各種「事
物」關聯，則自然不出心外。除了 2-22 條說的五官四體的功
能外，包括如「見父自然知孝，見兄自然知弟，見孺子入井自
然知惻隱，此便是良知，不假外求」（【8】）之類；又如上
條的「治民」、「讀書」、「聽訟」等等，皆不出心外。但如
論到大千世界之物，如 2-26 所引，陽明是以我心我意為斷，
意不到，則事物與我了無關涉，是無此事物。我意在物，我之
知才對於事物有感應。這裡只限制於「認知」，與世界是物質
的還是精神的之此類哲學論題全然為兩事。

　　2-24、夫求理於事事物物者，如求孝之理於其親之謂
　也：求孝之理於其親，則孝之理其果在於吾之心邪？抑
　果在於親之身邪？假而果在於親之身，則親沒之後，吾
　心遂無孝之理歟？見孺子之入井，必有惻隱之理；是惻
　隱之理果在於孺子之身歟？抑在於吾心之良知歟？其或
　不可以從之於井歟？其或可以手而援之歟？是皆所謂理
　也。是果在於孺子之身歟？抑果出於吾心之良知歟？以
　是例之，萬事萬物之理莫不皆然。是可以知析心與理為
　二之非矣。（【135】）

2-25、心外無物，心外無事，心外無理，心外無義，心外無善。吾心之處事物純乎天理而無人偽之染謂之善，非在事物之有定所之可求也。處物為義，是吾心之得其宜也。義非在外可襲而取也。（《王守仁全集》卷九，靜心錄之一，文錄一〈與王純甫〉，癸酉）

2-26、先生游南鎮，一友指岩中花樹問曰：「天下無心外之物：如此花樹，在深山中自開自落，於我心亦何相關？」先生曰：「你未看此花時，此花與汝心同歸於寂；你來看此花時，則此花顏色一時明白起；便知此花不在你的心外。」（【275】）

上引 2-4 說：「知如何而為溫清之節，知如何而為奉養之宜者，所謂知也，而未可謂之致知」。「良知」便是個判斷的準則：知善知惡。陽明的工夫論中，此一「心」、此一「未發之中」、此一「天理」、此一「至善本體」之發用，就是「致」的工夫。

三、陽明之「致知」與「致良知」

前面說到，陽明的「知」與「良知」常指的同樣的意思，不過「知」對靈覺而言，「良知」對知善惡而言。這裡說到「致知」與「致良知」，亦可比類。但陽明為了使用上的方便，也為了在《大學》「正心、誠意、致知、格物」的概念框

架下表述自己的工夫論，所以他並行使用著這兩個概念。此由下引可知：

> 3-1、吾心之良知，即所謂「天理」也。致吾心良知之「天理」於事事物物，則事事物物皆得其理矣。致吾心之良知者，致知也。事事物物皆得其理者，格物也。（【135】）

> 3-2、致知二字，是千古聖學之秘，向在虔時終日論此，同志中尚多有未徹。近於古本序中改數語，頗發此意，然見者往往亦不能察。今寄一紙，幸熟味！此是孔門正法眼藏，從前儒者多不曾悟到，故其說卒入於支離。（《王守仁全集》卷十，靜心錄之二，文錄二〈寄薛尚謙〉，癸未）

黃梨洲在《明儒學案》卷十一中說：

> 3-3、陽明自龍場以後，其教再變。南中之時，大率以收斂為主，發散是不得已，故以默坐澄心為學的。江右以後，則專提「致良知」三字。先生（徐愛）記《傳習錄》，初卷皆是南中所聞，其於「致良知」之說，固未之知也。然《錄》中有云：「知是心之本體，心自然為知。見父自然知孝，見兄自然知弟，見孺子入井自然知惻隱。此便是良知。使此心之良知充塞流行，便是致其

知。」則三字之提，不始於江右明矣。但江右以後，以此為宗旨耳。

　　所以，「致知」、與「致良知」陽明早有提到，但只是到了五十歲以後，才將學問貫通，抉發出更為深廣的意義，而足為其學標宗。雖然梨洲在《明儒學案》卷十中說：「致良知一語，發自晚年，未及與學者深究其旨」。但陽明本人對此一語卻是極為自信的：

　　3-4、近來信得致良知三字，真聖門正法眼藏。往年尚疑未盡，今自多事以來，只此良知無不具足。（《年譜》正德十有六年辛巳，先生五十歲）

　　3-5、吾自南京已前，尚有鄉愿意思。在今只信良知真是真非處，更無掩藏回護，才做得狂者。使天下盡說我行不掩言，吾亦只依良知行。（《年譜》嘉靖二年癸未，先生五十二歲）

　　3-6、能致良知則心得其宜矣，故「集義」亦只是致良知，君子之酬酢萬變，當行則行，當止則止，當生則生，當死則死，斟酌調停，無非是致其良知，以求自慊而已。（【170】）

　　陽明晚年只以「致良知」教人，自許為「聖門正法眼

藏」，因他認為孟子工夫之「擴充」、「集義」、「養氣」、
「必有事焉」，程朱工夫之「敬」等，皆可以致良知工夫覆蓋
之：

> 3-7、致此良知之真誠惻怛以事親便是孝，致此良知之
> 真誠惻怛以從兄便是弟，致此良知之真誠惻怛以事君便
> 是忠，只是一個良知，一個真誠惻怛。若是從兄的良知
> 不能致其真誠惻怛，即是事親的良知不能致其真誠惻怛
> 矣；事君的良知不能致其真誠惻怛，耶是從兄的良知不
> 能致其真誠惻怛矣。故致得事君的良知，便是致得從兄
> 的良知，致得從兄的良知，便是致得事親的良知。不是
> 事君的良知不能致，卻須又從事親的良知上去擴充將來
> 5。如此，又是脫卻本原，著在支節上求了。（【189】）

> 3-8、我此閒講學，卻只說箇「必有事焉」，不說「勿
> 忘、勿助」。「必有事焉」者，只是時時去「集義」。
> （【186】）

> 3-9、夫「必有事焉」只是「集義」，「集義」只是
> 「致良知」。說「集義」則一時末見頭惱，說「致良

5　「擴充」二字出《孟子》公孫丑上：「凡有四端於我者，知皆擴而充之
　　矣。若火之始然，泉之始達。苟能充之，足以保四海；苟不充之，不足
　　以事父母」。孟子從範圍的擴充上說，陽明從本質的守恆上說。

知」即當下便有實地步可用功；故區區專說「致良知」。隨時就事上致其良知，便是「格物」，著實去致良知，便是「誠意」，著實致其良知，而無一毫意必固我，便是「正心」。著實致真知，則自無忘之病：無一毫意必固我，則自無助之病。故說「格、致、誠、正」，則不必更說個「忘、助」。孟子說「忘、助」，亦就告子得病處立方。……孟子「集義」、「養氣」之說，固大有功於後學，然亦是因病立方，說得大段，不若《大學》「格、致、誠、正」之功，尤極精一簡易，為徹上徹下，萬世無弊者也。（【187】）

3-10、若以誠意為主，去用格物致知的工夫，即工夫始有下落，即為善去惡，無非是誠意的事。如新本（案即朱子《大學章句》）先去窮格事物之理。即茫茫蕩蕩，都無著落處。須用添個「敬」字，方才牽扯得向身心上來。然終是沒根原。若須用添個敬字，緣何孔門倒將一個最緊要的字落了，直待千餘年後要人來補出？正謂以誠意為主，即不須添「敬」字。所以舉出個誠意來說。正是學問的大頭腦處。（【129】）

　　3-10　更從工夫論上說，意為知所用，誠意便是致良知。陽明歸結「致知」二字為「千古聖學之秘」、「孔門正法眼藏」，必須有一個「致」字，因為良知是人人都具備的，若僅僅說到人人都具備的良知，在工夫實踐上並無意義，因為良知

沒有呈現，知行未合一。在陽明看來，關鍵在於能夠發用其良知，即「致」其良知。（《明儒學案》卷十：先生致知於事物，致字即是行字，以救空空窮理。）因此陽明說愚夫愚婦沒有良知呈現，如果他們不能發用——「致」他們的良知，聖愚於是不同。

> 3-11、良知、良能，愚夫、愚婦與聖人同：但惟聖人能致其良知，而愚夫、愚婦不能致，此聖愚之所由分也。（【138】）

> 3-12、良知之在人心，無間於聖愚，天下古今之所同也。世之君子惟務致其良知，則自能公是非，同好惡，視人猶己，視國猶家，而以天地萬物為一體，求天下無治，不可得矣。古之人所以能見善不啻若己出，見惡不啻若己入，視民之飢溺猶己之飢溺，而一夫不獲若己推而納諸溝中者，非故為是而以蘄天下之信己也，務致其良知求自慊而已矣。堯、舜、三王之聖，言而民莫不信者，致其良知而言之也；行而民莫不說者，致其良知而行之也。（【179】）

上引的兩條，皆謂「良知」在聖人與愚夫婦都一樣，而「致良知」，卻是聖人與愚人的區別，也即是聖人與凡人的區別。故「致良知」在陽明工夫論中具有關鍵地位，提此一語，向內可關聯到知與良知，也即是關聯到本體；向外可致力於格

物、不離事而言理，作為接引來學的教法亦少偏差；作為工夫脈路，則很好地體現「知行合一」的主張。

凡此，可歸納為陽明「致良知」說之三大特徵：

首先是：導源「心」、「知」本體。「致良知」的經典表述是：「致吾心良知之天理於事事物物，則事事物物皆得其理矣」（見上引 3-1），而其關鍵詞，端在「吾心、良知、天理」。我們作個比較，便容易明白。陽明同時，有廣東湛甘泉，從游者遍天下，他所主張的是「隨處體認天理」。這說話似乎兩人同樣主張於實踐中體認天理，但陽明卻並不認同，他說：

> 3-13、凡鄙人所謂「致良知」之說，與今之所謂「體認天理」之說，本亦無大相遠，但微有直截迂曲之差耳。譬之種植，致良知者，是培其根本之生意而達之枝葉者也；體認天理者，是茂其枝葉之生意而求以復之根本者也。然培其根本之生意，固自有以達之枝葉矣；欲茂其枝葉之生意，亦安能舍根本而別有生意可以茂之枝葉之間者乎？（《王守仁全集》卷十一，靜心錄之三，文錄三〈與毛古庵憲副〉，丁亥）

所謂「隨處體認天理」，更近於使學者認為天理在事事物物上，這是當學者在實踐「必有事焉」、「事上用功」的時候，所容易引生的曲解。所以陽明特作此辨，認為不培植根本不能繁茂枝葉。而「致良知」，是心中固有之天理觸物而見，

從良知本體出發而「致」，才是陽明說的經歷了「培其根本」。所以陽明又指其病謂：「與聖門致良知之功尚隔一塵，若復失之毫釐，便有千里之謬矣」（寄鄒謙之，時年五十五）。陽明又說：

> 3-14、先生曰：「吾教人『致良知』，在『格物』上用功，卻是有根本的學問；日長一日，愈久愈覺精明。世儒教人事事物物上去尋討，卻是無根本的學問。」（【239】）

> 3-15、所以為聖者，在純乎天理，而不在才力也。故雖凡人而肯為學，使此心純乎天理，則亦可為聖人。猶一兩之金，比之萬鎰，分兩雖懸絕，而其到足色處，可以無愧。故曰「人皆可以為堯舜」者，以此。（【99】）

上引 3-15 所說，是體悟陽明工夫所具備的內源性便可以歸結出的。在此一點根本處立足，能夠實實致其良知，生命便發出光芒，可以無愧於天地古今。陽明工夫最能給學者以自信的，就在這裡。「知」是獨立體悟來的，「物」則人人可遇可見。培養「知」的本根工夫，發用我心本然之正、之善，接物而自與天理無不應合，是陽明工夫正途。朱子所重的「上一截工夫」，也正是心體的、向內的工夫，雖然朱子到了晚年，很

少堅持[6]。

　　陽明「致良知」說的第二大特徵是：貫串《大學》工夫。陽明極重視《大學》，通常所見的與朱子的最大分歧，便在對《大學》「格物」一詞理解上的巨大差異。陽明努力將其工夫論之結構，與《大學》工夫論的框架相關聯，因為他認為，「格致誠正之說，所以闡堯舜之正傳而為孔氏之心印也」（《大學問》）。「致良知」在此框架中便是「致知」，而其地位非「格物、誠意、正心」可比。觀於下引三條，「致良知」在陽明工夫論中的地位實居於核心中的核心，亦可謂為陽明工夫之「眼」。

　　3-16、欲正其心者，必就其意念之所發而正之。……意無不誠，而心可正矣。……凡意念之發，吾心之良知無有不自知者。……今欲別善惡以誠其意，惟在致其良知之所知焉爾。……今焉於其良知所知之善者，即其意之所之之物而實為之，無有乎不盡。於其良知所知之惡者，即其意之所在之物而實去之，無有乎不盡，然後物無不格。（《大學問》）

　　3-17、欲正其心在誠意。工夫到誠意，始有著落處。然誠意之本，又在於致知也。所謂人雖不知而已所獨知

6　可參見拙文〈朱子參證儒家工夫之始末〉，收錄於拙著《儒家工夫論》，臺灣學生書局，2017年版，頁93-117。

者，此正是吾心良知處。然知得善，卻不依這個良知便做去，知得不善，卻不依這個真知便不去做，則這個真知便遮蔽了，是不能致知也。……故致知者，意誠之本也。然亦不是懸空的致知，致知在實事上格。（【317】）

3-18、隨時就事上致其良知，便是「格物」；著實去致良知，便是「誠意」；著實致其良知，而無一毫意必固我，便是「正心」。（【187】）

3-18 所引，尤為精警。《大學》「格致誠正修」，五項工夫節目，若以陽明「致良知」串講起來，便是：著實將一片純善所知之是非，不受干擾地必用於所接之事上，依善而行。若我們再讀朱子《大學章句》所注「致知」、「格物」，其謂「推極吾之知識，欲其所知無不盡也。窮至事物之理，欲其極處無不到也」。更容易看出朱子說的近是知識與事理，陽明說「須用添個『敬』字，方才牽扯得向身心上來」（3-10），便將兩家的區別扼要地說了出來。3-16 一條，陽明說的「無不盡」，是說為善去惡於「意之所之之物而實為之，無有乎不盡」；這有兩個要點，一是為善去惡不遺漏之「盡」，二是以「意」所到為限。這與朱子的窮至事物之理而無不盡，亦有很大的區別。

陽明「致良知」說的第三大特徵是：體現知行合一。

按《年譜》，陽明三十四歲起有弟子受「身心之學」：

「使人先立必為聖人之志」，但似乎並不成功：「未有出身承當，以聖學為己任者」。經龍場一番砥礪悟得「格物致知」，「始知聖人之道，吾性自足，向之求理於事物者誤也」。但這樣帶來的問題是：「向時未見得裡面意思，此功夫自無可講處，今已見此一層，卻恐好易惡難，便流入禪釋去也」。觀陽明從龍場歸，僅短暫與「諸生靜坐僧寺，使自悟性體」，隨後便去信叮囑：「前在寺中所云靜坐事，非欲坐禪入定也」，可見陽明對於自己的教法可能易於導致「空空窮理」的反思。扣緊「行」，對於陽明工夫論特別重要，因為他主張「心即理」，主張「知是心之本體」，極容易流於一偏；而且在其理論結構上，唯有「行」去，必有事焉，其本體乃顯現。了解到這裡，才能理解陽明三十八歲開始提倡「知行合一」，並始終堅持不懈的苦心孤詣。不過，僅僅說「格物致知」、「知行合一」，只類同於方法路徑，尚不能揭示學問宗旨，所以陽明大弟子錢德洪在《年譜》中說：「凡示學者，皆令存天理去人欲以為本。有問所謂，則令自求之，未嘗指天理為何如也」。誠然，這時陽明的學說還不足以形成簡明扼要地指點迷津的教法。這問題困擾了陽明很久，他說：

3-19、近欲發揮此，只覺有一言發不出，津津然如含諸口，莫能相度。（《年譜》正德十有六年條下，陽明五十歲）

直到他五十歲當年提出「致良知」，才算解決了這個問

題。由前面對「致良知」貫穿《大學》「格致誠正修」的說明可知，沒有「致」之行，便不見「本體」之知；致其良知，不僅心體現了，格物致知體現了，知行合一也體現了。對於陽明，這是個完美的提煉。下引之 3-20，可供綜合起來體味：

> 3-20、問：「先儒謂鳶飛魚躍，與『必有事焉』，同一活潑潑地。」先生曰：「亦是。天地間活潑潑地，無非此理，便是吾良知的流行不息，『致良知』便是『必有事』的工夫。此理非惟不可離，實亦不得而離也。無往而非道，無往而非工夫。」（【331】）

附帶論及「格物」這一樁公案。格，鄭康成訓「來」，知善則來善知惡則來惡；此訓可不必論。朱元晦訓「至」，王陽明訓「正」。元晦之「知」，必及物才明；陽明之「知」，要以我心天理正物之不正。兩說是在兩條路上走的。不過，依元晦說，「致知在格物」、「物格而後知至」，就成了「致知在至物」、「物至而後知至」，究竟不成話。依陽明說，必正了物之不正方得為知，意思晦澀了些。我打個商量，同意「至」與「正」在踐履上必及乎事的意義，以為主而訓「及」為宜；致知在及物、物及而後知至，亦文從意順，而必在物上見知之意存焉。至於羅近溪訓「式」，黃梨洲訓「通」，徐復觀贊成的訓「感」等，這裡不作討論了。

四、歧解略說

　　黃梨洲在《明儒學案》卷十的前言中說：「『致良知』一語，發自晚年，未及與學者深究其旨，後來門下各以意見攙和，說玄說妙，幾同射覆，非復立言之本意」。這是思想史上的一件頗耐尋味的事情。就陽明本心而論，所希望做到的，是「簡易明白」、是「莫若淺易其詞，略指路徑，使人自思得之」（《年譜》正德十有六年條下），而身後「致良知」一語竟歧解紛紛，蓋非陽明所願見。以下略說若干主要之歧解，以一探其究竟。

　　其一、這是陽明及身而見的歧解：

> 4-1、近時同志，莫不知以良知為說，然亦未見有能實體認之者，是以尚未免於疑惑。蓋有謂良知不足以盡天下之理，而必假於窮索以增益之者；又以為徒致良知未必能合於天理，須以良知講求其所謂天理者，而執之以為一定之則，然後可以率由而無弊。是其為說，非實加體認之功而真有以見夫良知者，則亦莫能辯其言之似是而非也。……良知之外，更無知；致知之外，更無學。外良知以求知者，邪妄之知矣；外致知以為學者，異端之學矣。（《王守仁全集》卷十一，靜心錄之三，文錄三〈與馬子莘〉，丁亥）

　　此條說了兩種歧解，前者以為良知不包括全部的理，還有

別的理應該另外找。後者以為良知本身不是天理，而要以良知求天理。兩者都是承認良知的，不過都不信良知以外別無理，不信良知即天理。他們所見的良知，尚不是陽明所謂的良知，他們沒有了解到，陽明的良知有幾個重要的限定條件，不了解這些限定，不足以論陽明之「良知」。

首先的限定是：陽明敢於說「萬事萬物之理，不外於吾心」（【136】），是他所謂的「萬事萬物」，謹指我心良知所在感知中的事與物。心在理在，心在理全在，心外全無理亦全無知，更不待以良知求天理。前引 2-26 條，為了方便再引如下：

> 4-2、先生游南鎮，一友指岩中花樹問曰：「天下無心外之物，如此花樹，在深山中自開自落，於我心亦何相關？」先生曰：「你未看此花時，此花與汝心同歸於寂：你來看此花時，則此花顏色一時明白起來：便知此花不在你的心外。」（【275】）

陽明之心是虛明靈覺、不受五官四體制約、內源性的。這樣一片純白之姿的人類之心，必是正的、對的、合乎天理的，否則就不能稱為良知，不是心之本體了。若問此良知是否完足，這要瞭解陽明的限定。我們從處事方面來看，做事不合天理，就不是出於良知，不是出於心之本體。這就是陽明說的「要識得我立言宗旨」。這一點尤其重要，最易為人誤解。下引一條所舉春秋五霸的例子，雖做了許多尊王攘夷的好事，但

因為出於私心，就與天理良知無關了。那麼，心外還需求什麼
理哪？

> 4-3、問：「程子云『在物為理』，如何云『心即
> 理』？」曰：「在物為理，在字上當添一心字，此心在
> 物則為理。如此心在事父則為孝，在事君則為忠之類是
> 也。諸君要識得我立言宗旨。我如今說個心即理，只為
> 世人分心與理為二，便有許多病痛。如五霸攘夷狄，尊
> 周室，都是一個私心，便不當理。人卻說他做得當理，
> 只心有未純，往往慕悅其所為，要來外面做得好看，卻
> 與心全不相干。分心與理為二，其流至於霸道之偽而不
> 自知，故我說個心即理，要使知心理是一個，便來心上
> 做工夫，不去襲取於義，便是王道之真。」（《明儒學
> 案》卷十，姚江學案，語錄）

　　第二個限定也在前文有論述，陽明說「物」的時候明白指
的是事、事務、事物，其所謂「物理」，也指的事理、倫理；
歸總起來必須是良知可以涵括之理，不待科學研究和考察，反
躬自省即可明瞭之理、之良知。這裡再略補充幾條以證此意：

> 4-4、愛問：「格物，物字即是事字，皆從心上說。」
> 曰：「然。身之主宰便是心，心之所發便是意，意之本
> 體便是知，意之所在便是物。如意在於事親，即事親便
> 是一物；意在於事君，即事君便是一物；意在於仁民愛

物，即仁民愛物便是一物；意在於視、聽、言、動，即
視、聽、言、動便是一物。所以某說無心外之理，無心
外之物。」（【6】）

4-5、夫物理不外於吾心，外吾心而求物理，無物理
矣。遺物理而求吾心，吾心又何物耶？心之體，性也，
性即理也。故有孝親之心，即有孝之理，無孝親之心，
即無孝之理矣。有忠君之心，即有忠之理，無忠君之
心，即無忠之理矣。理豈外於吾心耶？（【133】）

　　第三個限定是：陽明之「知」，只是知事物之善惡是非的
良知、天理，此外亦不必知。這一點學者常未加深究，在「名
物度數草木鳥獸」上疑心起「致良知」的無能為力。良知只是
個本體，本體哪裡來的名物度數草木鳥獸？當然非關本體事。

4-6、聖人無所不知，只是知個天理，無所不能，只是
能個天理。聖人本體明白，故事事知個天理所在，便去
盡個天理，不是本體明後，卻於天下事物都便知得，便
做得來也。天下事物，如名物度數草木鳥獸之類，不勝
其煩，雖是本體明瞭，亦何緣能盡知得？但不必知的，
聖人自不消求知，其所當知者，聖人自能問人。如「子
入太廟，每事問」。先儒謂「雖知亦問，敬謹之至」，
此說不可通，聖人於禮樂名物不必盡知，然他知得一個
天理，便自有許多節文度數出來。不知能問，亦即是天

理節文所在。（【227】）

陽明之「同志」、門人及後學，因為不曾認真研究陽明「良知」之限定性，故其體認不能真確，以至於「說玄說妙，幾同射覆」，也就是瞎猜；所以陽明給出的藥方是：「實加體認之功而真有以見夫良知」。

其二、也是黃梨洲在《明儒學案》卷十之前言中說的：

4-7、先生致之於事物，致字即是行字，以救空空窮理，只在知上討個分曉之非。乃後之學者，測度想像，求見本體，只在知識上立家儅，以為良知。則先生何不仍窮理格物之訓，先知後行，而必欲自為一說耶？

此一歧解較容易辨別，上文說的第三個限定也涉及此問題。陽明在《大學問》裡說得明白：「『致知』云者，非若後儒所謂充擴其知識之謂也，致吾心之良知焉耳」。陽明之「知」即是「良知」，即是「心之本體」，與「知識」無關。此在 2-5 至 2-9，以及 4-6 所引陽明論說已甚清晰，這裡不再贅述。此歧解引人入他途，如梨洲所謂：「向外尋理，終是無源之水，無根之木，總使合得，本體上已費轉手」，況未必合得耶？

其三、陽明大弟子錢德洪作《大學問》之跋語，憂心忡忡於所謂「頓悟」：

4-8、師既沒，音容日遠，吾黨各以己見立說。學者稍
見本體，即好為徑超頓悟之說，無復有省身克己之功。
謂「一見本體，超聖可以跂足」，視師門誠意格物、為
善去惡之旨，皆相鄙以為第二義。簡略事為，言行無
顧，甚者蕩滅禮教，猶自以為得聖門之最上乘。噫！亦
已過矣。自便徑約，而不知已淪入佛氏寂滅之教，莫之
覺也。古人立言，不過為學者示下學之功，而上達之
機，待人自悟而有得，言語知解，非所及也。大學之
教，自孟氏而後，不得其傳者幾千年矣。賴良知之明，
千載一日，復大明於今日。茲未及一傳，而紛錯若此，
又何望於後世耶？

以錢德洪所見，陽明弟子已經有「簡略事為，言行無顧」
者，病根即出於唯重良知本體工夫，輕忽了個「致」字，所以
似乎自以為可以超越了事上磨練的工夫。這當然是陽明所深戒
的，德洪所指「言行無顧，甚者蕩滅禮教，猶自以為得聖門之
最上乘」，正是王學末流破壞了陽明工夫中的自我約束機制。
此種約束機制，即是「致良知」的「第三大特徵」：知行合
一。未致其良知於事物，即無此良知天理；未在是非善惡上呈
現此良知，即此良知為虛言。陽明所謂：「行之明覺精察處，
便是知；知之真切篤實處，便是行」。（《王守仁全集》卷十
一，靜心錄之三，文錄三〈答友人問〉，丙戌）。德洪指出的
毛病是自以為本體已透、不欲在為善去惡上再下工夫，結果是
既不能知、又不能行。

其四、這是黃梨洲在《明儒學案》卷十九中的話：

> 4-9、按陽明以致良知為宗旨，門人漸失其傳，總以未
> 發之中，認作已發之和，故工夫只在致知上，甚之而輕
> 浮淺露，待其善惡之形而為克治之事，已不勝其艱難雜
> 糅矣。故雙江、念菴以歸寂救之，自是延平一路上人。
> （陳九川學案）

這段話說得不明白。未發之中即是良知，若是以未發作已
發，是將工夫側重放在了未發上，是向內的本體工夫。這便類
似錢德洪說的「簡略事為」，若是在如前所說的「致知」上實
下了工夫，「待其善惡之形而為克治之事」，卻不必是「甚之
而輕浮淺露」的後果。故梨洲此一「致知」，究竟指的是「在
知識上立家儅」，或者指的是致吾心良知工夫，實在有些含
糊。但是，後面有一句，「雙江、念菴以歸寂救之」，既以歸
寂救之，是要以未發之中的工夫、善惡未形時的工夫救之。故
梨洲「不勝其艱難雜糅」的意思，還是指出工夫未下在根本之
地。下引一條，是說後來的學者未體悟到陽明之「良知」實指
的本體，而因了陽明「方便法門」的教法，即從意念上下存善
去惡工夫的教法，錯會了良知本體。這可能是導致此類歧解的
原因。

> 4-10、陽明之良知，原即周子「誠一無偽」之本體，然
> 其與學者言，多在發用上，要人從知是知非處轉個路

頭，此方便法門也。而及門之承其說者，遂以意念之善者為良知。（《明儒學案》卷十九，黃弘綱學案）

梨洲說陽明「要人從知是知非處轉個路頭」的「方便法門」，如下面這番話，前已引過，為使閱讀方便，特再引：

4-11、有習心在，本體受蔽，故且教在意念上實落為善去惡，功夫熟後，渣滓去得盡時，本體亦明盡了。……利根之人，世亦難遇。本體功夫一悟盡透，此顏子、明道所不敢承當，豈可輕易望人。人有習心，不教他在良知上實用為善去惡功夫，只去懸空想個本體，一切事為俱不著實，不過養成一個虛寂；此個病痛不是小小，不可不早說破。（【315】）

若是簡單地只從陽明這一番話來做工夫，不斷在意念上為善去惡，最終本體可明。那麼陽明的工夫途轍就全是在事上了，怎麼轉得回來體悟一個良知本體？故以此用功，最容易導致的結果就是，「以意念之善者為良知」，而不知良知是本體，本體本是靈明，這便失了陽明宗旨。陽明的教法本不簡單，是要兩頭扣住的，既要見本體，又要意念上下工夫，所謂：「洪甫（錢德洪）須識汝中（王龍溪）本體，汝中須識洪甫功夫」（《明儒學案》卷十六）。下面再引一條，是陽明先生五十六歲時的事，熟玩此故事，有助於體會致良知天理於事物，而不是以事物為天理，而於此一歧解之辨別，亦過半矣。

4-12、徐樾自貴溪追至餘干，先生令登舟。樾方自白鹿洞打坐，有禪定意。先生目而得之，令舉似（讓徐樾說說）。（陽明聽後）曰：「不是。」已而稍變前語（徐樾重新說了一回）。（陽明）又曰：「不是。」已而更端（徐樾又再說了一次）。先生曰：「近之矣。此體豈有方所，譬之此燭，光無不在，不可以燭上為光。」因指舟中曰：「此亦是光，此亦是光。」直指出舟外水面曰：「此亦是光。」樾領謝而別。

本體工夫是認得光，而非認得燭光。光也，非燭光也。

「志」，儒家工夫之「通關密鑰」

引　言

　　孟子首次將「志」擺在了工夫論的重要環節上，他提出「志，氣之帥也」，而「其為氣也，配義與道」（公孫丑上）。孟子將「義」視為實踐「仁」的途徑，所謂「居仁由義」，「仁，人之安宅也；義，人之正路也」（離婁上）。孟子「尚志」的內容涵括了仁與義，但從工夫論上說，孟子的「志於道」，即是志於義，即是在義與「非義」（盡心上）之間有一個抉擇，有一個做工夫的切實把柄；因此可以說，儒家工夫的途轍，至孟子已經大明。後世儒家的代表人物在工夫論上有許多的發揮和創見，此尤以陸象山與王陽明這一系統為最能繼承孟子。因我之前並未看明白《孟子》中的這部分內容，而對於陸王系統的工夫中下手的關鍵位置，總覺得恍恍惚惚未能確信；因而聯想到象山與陽明兩家弟子在其師身後的各執一詞，雖原因有各種，但恐怕也因為對陸、王工夫的某些重要部分有所忽略。故而借撰寫此文作一系統的檢討，固屬為己，亦盼能為尚志者提供些微參考。

一、孔孟言「志」之意漢唐不重

　　段玉裁《說文解字注》（以下簡稱《說文》）十篇下，心部：意，志也。從心音，察言而知意也。段注：「志即識。心所識也」。以「志」釋「意」，又以「志」為「識」。《說文》三篇上，言部：識，常也。一曰知也。段注：「常當為意。意者，志也。志者，心所之也。意與志、志與識古皆通用。心之所存謂之意。所謂知識者此也」。「志」字之釋意，附見在「識」字條下。「心所之」乃引申自《毛詩序》「詩者，志之所之也，在心為志，發言為詩」。至於其本字，許叔重的《說文解字》沒有收入。段玉裁解釋道：「許心部無志者，蓋其即古文識，而識下失載也」；並謂：「蓋古文有志無識。小篆乃有識字。保章注曰：志，古文識。識、記也。志者，記也、知也」。據此，志通意、識、知。志字先於識，或意、知之義多用，後志、識乃殊字，「心所之」之義反不重而志字遂有失載。

　　取《論語》一書之「志」字來考察，其取「意」字義者如：子曰：「事父母幾諫。見志不從，又敬不違，勞而不怨」（里仁），謂父母不從己意。意與意念不同，心之所存為意，則為沿襲至今所稱的志向、心志之「志」。此如：「吾十有五而志於學」（為政）、「苟志於仁矣，無惡也」、「士志於道」（里仁）、「盍各言爾志」（公冶長）、「志於道，據於德」（述而）等，皆是。「志」又延伸而為願景：子路曰：「願聞子之志。」子曰：「老者安之，朋友信之，少者懷

之。」（公冶長）。孔子言「志」之主體，已從《堯典》之近
於發抒情感之義的「詩言志」之志，擴充為心念堅持在好的行
為、願望、道德完善方面。由名詞，如「子之志」，申延為動
詞，如「志於仁」、「志於道」。並且，又顯然有別於「識」
與「知」。段玉裁說「漢時志、識已殊字」，由定州漢墓竹簡
《論語》（以下稱「簡本」）來看，是有根據的，雖然頗有混
用的情況。茲舉兩例以見：

> 1-1、簡本：子曰：「蓋有弗智也而作之者，我無是。
> 多聞，擇其善而從之；多見而志之，智之次也」。今本
> 作：子曰：「蓋有不知而作之者，我無是也。多聞擇其
> 善者而從之，多見而識之，知之次也。」（述而）

> 1-2、簡本：「〔黑而職，學不厭，誨人不〕卷，何有
> 於我哉」？今本作：「默而識之，學而不厭，誨人不
> 倦，何有於我哉？」（述而）

上引 1-1，「知」作「智」，識與志尚不分；1-2 則志、[1]

---

[1] 　其例尚有：簡本：曰：「由！誨女智乎！〔智之為智〕之，弗智為弗
智，是智也」。今本作：子曰：「由！誨女知之乎？知之為知之，不知
為不知，是知也。」（〈為政〉）簡本：〔子曰：「人而無信，不智其
可也。大〕輿無軏，小輿無〔軏〕，……〔何以行之哉？〕〕子張
〔問〕：「十世可智與？」子曰：「〔殷〕因於夏禮，〔所損
益〕，……周因於殷禮，所損益，可智也。其或繼周者，〔雖百〕……

識已分，職與識通假。

　　因此說，據《論語》情況看，其中「志」的專屬意義，在漢簡時代本已分剖得很明白，而為許叔重所忽略，直到清之段玉裁，他們似皆未深究「志」字在孔孟時代使用時產生了變化。

　　孔子之所志，志學、志仁、志道三者而已。而此三者，實涵括了孔子懷抱崇高理想孜孜以求的人生。孔子的「志於學」，內涵寬闊：「入太廟每事問」（鄉黨）之學，在求知識上的分數多；「不遷怒不貳過」（雍也）之學，則從知識轉向了人格養成；子貢說「莫不有文武之道焉，夫子焉不學」（子張），則又延伸向了道義擔當。孔子的「志於仁」，由一身至於社會，內外兼備：志於仁而無惡是人格修養，「仁者，己欲立而立人，己欲達而達人」（雍也），以至於「修己以安百姓」（憲問），是「仁」的品格完善而不可自已地以天下事為己任。孔子的「志於道」，是內外皆飽滿的人生最高境界；其就修己而言，可以「朝聞道夕死可矣」（里仁），就聖賢行道造福於民而言，孔子贊之謂「巍巍乎！唯天為大，唯堯則之」（泰伯）。因此說，孔子之所謂「志」，乃堅持去實踐修己安人之意志，廣闊深厚，遠非識、知所能涵容，實已具備了獨立的語義。

　　〔可〕智也」。今本作：子張問：「十世可知也？」子曰：「殷因於夏禮，所損益，可知也；周因於殷禮，所損益，可知也；其或繼周者，雖百世可知也。」（〈為政〉）

　　孟子言「志」，承續了孔子，而「仁義」並提，其意在於提出「由義」進而「居仁」的實踐路徑，經此修身實踐工夫，亦正以具備政治能力（案，堯舜之仁，在政治上體現為「無為而治」，見下引 2-1、2-3）：「王子墊問曰：『士何事』？孟子曰：『尚志』。曰：『何謂尚志』？曰：『仁義而已矣。……居仁由義，大人之事備矣』」（盡心上）。孟子有「得志、不得志」之說：「古之人，得志，澤加於民；不得志，修身見於世」（盡心上）。「澤加於民」，同於孔子的「安百姓」。孟子言「志」超越孔子的地方是，將「志」與修身相關聯，即與工夫修為相關聯。先簡單地提一句，孟子通過將「氣」與「志」相關聯，而確立了「志」在儒家工夫論上的地位。程伊川說：「仲尼只說一個志，孟子便說許多養氣出來；只此二字，其功甚多」（《二程遺書》卷十八）。伊川這句話，說得很準。《孟子‧公孫丑上》：「夫志，氣之帥也；氣，體之充也。夫志至焉，氣次焉」。氣，是生理與心理的綜合作用。氣需要志來統帥指揮，志所指向，氣方隨之。所以，孟子認為，「志」在「養氣」工夫上，可以起到導引發揮身心綜合力量的作用（這一點在下文還將分析）。志的內涵，在孟子便更為細緻而充實了。

　　在孔孟以後的很長一段時間裡，「志」字之義，並無發展，甚至並無繼承。荀子雖也說「始乎為士，終乎為聖人」，但其學，則「至乎禮而止」（勸學）。因為他主張的工夫是下落在身外的：「凡治氣養心之術，莫徑由禮，莫要得師，莫神一好」（修身），所以「志以禮安」（子道），志所能發揮的

獨立作用不得見。西漢董仲舒的《春秋繁露・玉杯第二》：「禮之所重者，在其志：志敬而節具，則君子予之知禮；志和而音雅，則君子予之知樂；志哀而居約，則君子予之知喪」。論魯文公居喪行納幣，其非禮在於缺乏敬意；此「志」即「意」。東漢趙岐注《孟子》，其注「夫志，氣之帥也」，謂「志，心所念慮也」，偏於取「意念」之義。前述東漢許叔重的《說文解字》收入「識」而不收入「志」，是對「志」字之已有的意義缺乏瞭解；但既然「志」是「識」的古字，就應該有說明，而竟至於在「識」字條下，一言未及，亦足見「志」字之無足重輕矣。唐韓昌黎用「志」較近於「心所之」、心之所存的意思，類如：「學成而道益窮，年老而志益困」（《御選唐宋文醇》卷三〈答竇秀才〉）；「悼本志之變化，中夜涕泗交頤」（同上，卷三〈上宰相書〉）；「愈之志在古道」（同上，卷四〈答陳生書〉）。同時之李翱謂「終日志於道德」（復性書），與昌黎略同，要皆無所發揮。

　　「志」字之義的重新體認與發揮，端自北宋諸大儒始，而至南宋陸象山始發異彩。

二、宋儒直承孔孟之「志學堯舜」與工夫論

　　孔、孟之修己治人，由一己之修身以至於安天下百姓，堯舜是最高的典範，故以「志學堯舜」言孔孟之志，大抵不錯。

　　堯舜在孔子，是志學、志仁、志道的典範，巍巍乎大哉。由其無為之德治而知其安百姓之胸襟（下引 2-2），由其安百

姓而知其修己之誠篤（下引 2-3）。

2-1、子曰：「大哉堯之為君也！巍巍乎，唯天為大，唯堯則之。蕩蕩乎，民無能名焉。巍巍乎其有成功也，煥乎其有文章！」（泰伯）

2-2、子曰：「無為而治者，其舜也與！夫何為哉？恭己正南面而已矣。」（衛靈公）

2-3、堯之安百姓之仁道、仁政：「朕躬有罪，無以萬方；萬方有罪，罪在朕躬。」「雖有周親，不如仁人。百姓有過，在予一人。」（堯曰）行政則謂：「所重：民、食、喪、祭。寬則得眾，信則民任焉。」（堯曰）

孟子推崇堯舜，與孔子相比，更重從德行上說，特為推崇的是堯舜之「仁」、「性善」、「孝弟」（下引之 2-4 至 2-6）。又重從修身上說，認為人人皆有此仁義禮智之性，所以聖賢可學而至（下引之 2-7 至 2-9）：

2-4、「孟子道性善，言必稱堯舜。」（滕文公上）

2-5、孟子曰：「舜之居深山之中，與木石居，與鹿豕遊，其所以異於深山之野人者幾希。及其聞一善言，見一善行，若決江河，沛然莫之能禦也。」（盡心上）

2-6、（孟子說舜將怎樣處理父親犯罪的問題）曰：
「舜視棄天下，猶棄敝蹝也。竊負而逃，遵海濱而處，
終身欣然，樂而忘天下。」（盡心上）

2-7、曹交問曰：「人皆可以為堯舜，有諸？」孟子
曰：「然。」……（孟子）曰：「……堯舜之道，孝弟
而已矣。子服堯之服，誦堯之言，行堯之行，是堯而已
矣。子服桀之服，誦桀之言，行桀之行，是桀而已
矣。」（告子下）

2-8、「是故君子有終身之憂，無一朝之患也。乃若所
憂則有之：舜，人也，我，亦人也；舜為法於天下，可
傳於後世，我由未免為鄉人也，是則可憂也。憂之如
何？如舜而已矣。」（離婁下）

2-9、孟子曰：「雞鳴而起，孳孳為善者，舜之徒
也。」（盡心上）

　　孔子、孟子這一番以聖人之修己安人為極則，而人皆可以
立志為堯舜之主張，為宋儒所推崇。周濂溪謂：「聖希天，賢
希聖，士希賢」（《宋元學案》卷十一）。程明道具體地以孔
子「老安少懷」之志為學者當立之志，而「揀別善惡」倒在其
次：「聖人即天地也，天地中何物不有？天地豈嘗有心揀別善
惡？一切涵容覆載，但處之有道爾。若善者親之，不善者遠

之，則物不與者多矣，安得為天地？故聖人之志，止欲『老者安之，朋友信之，少者懷之』」（《二程遺書》卷二上）。明道認為，聖人之志唯在此而止。自程伊川以降，論說學聖人之志更多了。伊川說：「學者先務，固在心志」；志學首在學聖人：「有求為聖人之志，然後可與共學」。他早年所作〈顏子所好何學論〉，中謂：「顏子所獨好者，何學也？學以至聖人之道也。……凡學之道，正其心，養其性而已。中正而誠，則聖矣。君子之學，必先明諸心，知所養，然後力行以求至，所謂『自明而誠』也。故學必盡其心，盡其心則知其性。知其性，反而誠之，聖人也」（皆引自《近思錄》卷二）。他主張志學聖人，便「學必盡其心，盡其心則知其性」。張橫渠謂：「學必如聖人而後已」《近思錄》卷十四）。朱元晦主張：「學者大要立志。所謂志者，不道將這些意氣去蓋他人，只是直截要學堯舜」。他說立志學聖賢要從平實處去學：「聖賢只是做得人當為底事盡」。因此，「為學，須思所以超凡入聖。如何昨日為鄉人，今日便為聖人！須是竦拔，方始有進」。又說：「凡人須以聖賢為己任。世人多以聖賢為高，而自視為卑，故不肯進。抑不知，使聖賢本自高，而己別是一樣人，則早夜孜孜，別是分外事，不為亦可，為之亦可。然聖賢稟性與常人一同。既與常人一同，又安得不以聖賢為己任？」（皆引自《朱子語類》卷八）。陸象山的主張在宋儒中為特異，他雖不同意其兄陸九齡說的「古聖相傳只此心」（案，如此則要去揣摩古聖之心，而不能堅信我心），但仍然主張聖賢可學而至，「人皆可以為堯舜」。不過，他認為聖賢之心即我之心，

「此性此道與堯舜元不異」，所以「斯人千古不磨心」。如此，象山之為學，要能先自求「正其端緒」，復我本心，即得與聖賢同然之心。這是因為，「心只是一個心，某之心，吾友之心，上而千百載聖賢之心，下而千百載復有一聖賢，其心亦只如此。心之體甚大，能盡我之心，便與天同。為學只是理會此。」（《象山全集》卷三十五〈語錄下〉）。

　　由明道的志聖人之志，到伊川、橫渠、朱子的志學聖人，再到象山的復我心以見聖人心，宋儒之言志，可謂皆以學聖人為志。但是，說到怎樣來志學聖人，畢竟高遠宏闊了些；從伊川的「學必盡其心，盡其心則知其性，知其性，反而誠之，聖人也」，到朱子的「做得人當為底事盡」，再到象山的「復我本心」，對於學者把握進階並不是容易的事。宋儒當然還要注意到工夫論，對於《孟子》書中所言之「志」與「氣」，特多所留心與討論。

　　上文言及，孟子推崇堯舜、主張聖人可學而至，並以「志」與工夫相關聯，將「志」、「持志」引入修身養氣，此實可稱為儒家工夫的開山理論。《孟子·公孫丑上》關於「養氣」的一段話，是孟子此一思想的集中體現，故先對這一段話加以扼要的疏釋：

　　　（孟子曰：）「夫志，氣之帥也；氣，體之充也。（氣是身心的合力[2]。志，統帥指揮氣。氣，引動身體。）夫志至

---

[2]　徐復觀先生認為：氣，「係指人身生理的綜合作用，或由綜合作用所發生的力量」；「氣即由生理所形成的生命力」。此觀點排除了氣中有心

焉，氣次焉（氣隨志行）。故曰：『持其志，無暴其氣』
（志，乃以天命之性，亦即仁、善、聖賢之則，引導心氣之決
心。持志，是實施此決心；同時不放縱喜怒哀樂之情，以免氣
之散亂[3]）。（公孫丑問：）既曰『志至焉，氣次焉』，又曰

理作用的參與。但所謂「心氣」，氣不離心。我之所以認為「氣是身心
的綜合作用力」，主要基於如下三點考慮：一者，氣場的強弱，不完全
取決於生理因素，一個強壯如牛的人，可以同時膽小如鼠。其二，氣的
結構中必須有心理因素的位置，與強弱善惡無關。生命存在，氣便存
在。其三，氣之強弱，與善惡無關。正義可以有浩然之氣，邪惡也可以
「道高一尺，魔高一丈」。趙岐注：「氣，所以充滿形體，為喜怒也。
志帥氣而行之，度其可否也」。若謂善惡源自於氣，志起的是調節的作
用，恐不合孟子之意。《朱子語類》卷五十二：問「氣，體之充」。
曰：「都是這一點母子上生出，如人之五臟，皆是從這上生出來。」朱
子似乎認為，氣如五臟等器官，構成身體的一部分，職司充實形體。朱
注則謂：「志固心之所之，而為氣之將帥；然氣亦人所以充滿於身，
而為志之卒徒者也」，可謂力求工穩。

[3]　「持其志，無暴其氣。」趙岐注：「暴，亂也。言志所向，氣隨之。當
正持其志，無亂其氣，妄以喜怒加人也」。「無暴其氣」這部分，朱子
同於趙岐：「無暴其氣，只是不縱喜怒哀樂」；「凡人多動作，多語
笑，做力所不及底事，皆是暴其氣」（《語類》卷五十二）。放縱情
感，其氣必散亂。朱子認為這一句應分為守志與養氣兩件事情，「內外
本末，交相培養」（《孟子集註》）；「內外交相養，蓋既要持志，又
須無暴其氣」（《語類》卷五十二）。徐復觀先生認為「心與理不可
分」故亦認為孟子之意在主張「內外交修」（《中國思想史論集》，臺
灣學生書局 1959 年版，頁 149）。我認為，內外交修只是個大致上可
以接受的說法，但亦頗有病。一方面，貫徹聖賢之則、善，工夫不會謹
停滯在內，必及於事物。另一方面，孟子下面就有「氣壹動志」之說，
一偏於氣，則志將動搖，此所以在形體和情感上當有限制。對「志」的

『持其志，無暴其氣』者，何也？」（公孫丑覺得，既然氣隨志行，那麼只要持志就足夠了，為什麼還要控制氣不使散亂呢？）。（孟子）曰：「志壹則動氣，氣壹則動志也。今夫蹶者趨者，是氣也，而反動其心」（心志專一，氣即隨之；血氣專一，志亦隨之。如人又跳又跑的，心志也隨之動）。（公孫丑問：）「敢問夫子惡乎長？」（孟子）曰：「我知言（持志堅定，不受人惑[4]），我善養吾浩然之氣」。（公孫丑問：）「敢問何謂浩然之氣？」（孟子）曰：「難言也。其為氣也，

解釋，我特別指出「乃以天命之性（仁、善、聖賢之則）引導心氣之決心」，強調「志」的道德理性意義。這是因為，在象山以前，志，只有仁、善、聖賢、天命之性的正面的肯定意義。象山以後，乃謂志於義、志於利，將「志」放在了「心之所向」的中性位置上。此其一。孟子此一語，是實際做工夫的人才能說得出來的。修養身心，不能謹有正面的志的培育，還要有對負面因素的否定，這是任何一種成熟的工夫所必須同時具備的。如明道的「敬」，只是正面的，若是要否定其反對面，則還要說「毋不敬」。所以孟子乃針對僅僅貫徹「志」的不足，而加以「無暴其氣」來克去慾望的牽引。此其二。

[4]　「知言」之「言」，即下文所說的「詖辭、淫辭、邪辭、遁辭」。「知言」之解，大體當從朱注及所引程子曰：「人之有言，皆本於心。其心明乎正理而無蔽，然後其言平正通達而無病；苟為不然，則必有是四者之病矣。……非心通於道，而無疑於天下之理，其孰能之？彼告子者，不得於言而不肯求之於心（案，告子的毛病正在不肯從心志上去分辨「言」，糊塗過去。）；至為義外之說，則自不免於四者之病，其何以知天下之言而無所疑哉？程子曰：『心通乎道，然後能辨是非，如持權衡以較輕重，孟子所謂知言是也。』又曰：『孟子知言，正如人在堂上，方能辨堂下人曲直。若猶未免雜於堂下眾人之中，則不能辨決矣。』」孟子知言，所以不受人惑；不受人惑，所以見持志堅定。

至大至剛，以直養而無害，則塞於天地之間（養浩然之氣首先
是保持氣不受身體慾望的控制，即不使「氣壹動志」，故葆有
氣之天性無欲、質而未文，為養氣之首要。[5]）。其為氣也，

---

[5] 朱子與人討論此章，竟至於謂：「某解此段，若有一字不是孟子意，天
厭之！」（《朱子語類》卷五十二）則其不易解亦可知。趙岐之斷句為
「至大至剛以直，養而無害」，注曰：「言此至大、至剛、正直之氣
也。然而貫洞纖微，治於神明，故言之難也。養之以義，不以邪事干害
之」。注「自反而縮」：「縮，義也。」。是以「縮」為「義」，以
「直」為「正直」，並不以「直」為「縮」、為「義」。「義」字是趙
岐添上去的。但應該很重視趙岐說的：「貫洞纖微，治於神明，故言之
難也」。正因為事涉神明，所以難言，所以趙岐要把「以直」歸上句，
來形容氣。朱子之斷句為「至大至剛，以直養而無害」，注謂：「蓋天
地之正氣，而人得以生者，其體段本如是也。惟其自反而縮，則得其所
養；而又無所作為以害之，則其本體不虧而充塞無間矣」。其注「自反
而縮」：「縮，直也。」。並證以兩例：檀弓曰：「古者冠縮縫，今也
衡縫。」又曰：「棺束縮二衡三」。這是把「直」看作養的工夫，而與
下文解釋的「集義」相應。徐復觀同意朱子的斷句，並同意趙岐的「養
之以義」。他認為，「直猶《論語》『人之生也直』之直，即以義養之
意」。朱子注《論語》「人之生也直，罔之生也幸而免」，僅引程子
語：「程子曰：生理本直。罔，不直也，而亦生者，幸而免爾」，不以
直為義。《論語》之「義」，乃要求於君子，如：「君子義以為上」
（陽貨），「君子義以為質」（衛靈公），「君子喻於義」（里仁），
「不仕無義」、「君子之仕也，行其義也」（微子），若將義作為「人
之生」的、一般人皆有的、也是對於一般人的要求，似未愜孔子此章之
意；故亦未足以佐證孟子此一「直」字之意。《康熙字典》引楊雄《太
玄經》：「直，東方也，春也。質而未有文也」，「質直」二字，似更
符合此章之「直」。《孟子》之「以直養而無害」，亦當以「質直」解
之為當。因「仁義禮智根於心」，氣當保其天命無欲、質而未文之態，

配義與道；無是，餒也（養氣之其次，是遇事依道義以行氣，不為「非義」所沮，保持氣不至虛乏委頓。這是確保「志壹動氣」。帥氣合於義與道，此正是「持志」要緊處，是志之大用。[6]）。是集義所生者，非義襲而取之也。行有不慊於心，則餒矣（氣之合於道義而不餒，要在事上磨煉，「欲事事皆合於義」，是謂「積善」，是謂「集義」，皆要見之於行，行熟氣浩[7]）。必有事焉而勿正心，勿忘，勿助長也。[8]

也就是善性未為肢體欲望所污染的狀態，氣乃得其正而無虧欠。害氣者，如程子說，乃「私意所蔽」。

6 這一句之解，大體當從徐復觀：「在主觀者為義，在客觀者為道。氣之所以能浩然，乃因其合於義與道。」（《中國思想史論集》，臺灣學生書局 1959 年版，頁 143）。「合於」二字，下得精。朱子認為「氣只是助得道義」，不知其道義從哪裡得來？又，朱注謂：「言人能養成此氣，則其氣合乎道義而為之助，使其行之勇決，無所疑憚；若無此氣，則其一時所為雖未必不出於道義，然其體有所不充，則亦不免於疑懼，而不足以有為矣」。作為背景的理解，所說不錯，但說得急了些。

7 朱子說：「集義是行底工夫，只是事事都要合義」（《朱子語類》卷五十二），是很到位的解釋。但朱注有兩點應略加探討。孟子說的至大至剛之氣，與「牛山之木」章所謂不使梏亡，「苟得其養，無物不長」的「平旦之氣」，為同一物；只要「以直養而無害」，就可以塞於天地之間。下文才說到，配義與道，見之於行，使氣不餒。前後兩言，方得合而成就浩然之氣。若如朱注所說，「養氣只是一箇集義」、「其養之之始，乃由事皆合義」（同上），徹底只是行事上貫徹道義，則孟子的養氣工夫曉暢明白，何以孟子自己卻說「難言也」？這個說不通，因為朱子不肯明白承認養氣的前一段工夫。其次，朱子認為「以道義為主，有此浩然之氣去助他，方勇敢果決以進」，這也是《語類》說的「以氣助其道義而行之」。氣助道義，還是道義助氣？孟子書中，「其為氣

也」，直至「則餒矣」一段話，都說的是氣；若如朱子的說法是氣助道義，深恐未愜。氣有體，道義無體，因為「志壹動氣」，氣因有道義引導，故能不餒，是義與道配合、支持了氣，道義自身不能行，亦沒有餒不餒的問題。

上述的兩點，似皆因朱子對於氣從何而來的問題，未能明快地解釋。集註中有句話：「本自浩然，失養故餒，惟孟子為善養之以復其初也」，說氣雖是人天生自有的，卻需要養氣（即集義）才能生發出來。《語類》中便有人對此提出疑問：「此氣是當初稟得天地底來，便自浩然，抑是後來集義方生？」朱子答曰：「本是浩然，被人自少時壞了，今當集義方能生。」或人又問：「有人不因集義，合下來便恁地剛勇，如何？」孟子答：「此只是粗氣，便是北宮黝孟施捨之勇底，亦終有餒時。此章須從頭節節看來看去，首尾貫通，見得活方是，不可只略獵涉說得去便了。」（《朱子語類》卷五十二）。這便是承認了有不因集義而生之氣、「粗氣」。下面的又一解釋，也教人看不懂：問：「配者，助也。是氣助道義而行。又曰『集義所生』，是氣又因義集而後生。莫是氣與道義兩相為用否？」曰：「是兩相助底意。初下工夫時，便自集義，然後生那浩然之氣。及氣已養成，又卻助道義而行」（同上）。朱子終究還是不能徹底貫徹他的「養氣只是一箇集義」的說法，還是體會到養氣需要有第一段的「無事時存養」的工夫，所以他說：「蓋人之氣當於平時存養有素，故遇事之際，以氣助其道義而行之。配，合也，助也。若於氣上存養有所不足，遇事之際，便有十分道理，亦畏怯而不敢為。」（同上）「所謂『氣』者，非干他事。只是自家平時仰不愧，俯不作，存養於中，其氣已充足飽滿，以之遇事，自然敢為而無畏怯。若平時存養少有不足，則遇事之際，自是索然而無餘矣」（同上）。

這一問題關涉甚大，學者當加意。

8　此斷句從象山：「勿正下有心字則辭不齰，勿忘上無心字則辭不贅。此但工於文者亦能知之。」陽明批註：必有事焉勿忘也，勿正心勿助長也。（《象山全集》卷二十一〈孟子說〉）

　　由上引孟子養氣的一段話可知，志在工夫中的作用，是確保「志壹動氣」，更於「有事」之際配以「義與道」，以成就浩然之氣。這是孟子的偉大貢獻。孟子之「志」，引導「氣」，在兩個層面上下工夫，相輔相成。第一個層面，究極地說，當氣表現為慾的時候，不使氣影響志。〈盡心下〉說「養心莫善於寡慾」，朱注引程子曰：「所慾不必沈溺，只有所向便是慾。」心之所向為志，寡慾當然不志於慾，是不使慾膨脹。又說，「無為其所不為，無慾其所不慾，如此而已矣」。平日皆不為不慾之事，不因其寡而為之慾之，如此便足。志對氣的作用，表現為葆有自然天成之「夜氣」，不受戕害。第二個層面，孔子只說「志於仁」，孟子則仁義並言。孟子既然說氣「配義與道」乃能不餒，又說「集義所生」，則「義」是什麼呢？當然是體現「仁」的「義」，〈盡心下〉的所謂「居仁由義」。「由義」的前提是以志帥氣，氣因斷之以仁之義而行，便成其浩然之氣；無志或者氣動志不得浩然之氣，氣不因仁義而行或者行非仁義，便造成朱子說的「欿然、惡縮、忿懥」【欿（音侃）然，愁悴；惡（音女）心愧；縮，萎惰】之氣，與浩然之氣更南轅北轍了，所以孟子說「無是，餒也」。「持志」於「居仁由義」便是「集義」。做對的事，是集義，反對錯的事，也是集義。《孟子》在「養氣」這一段文字之後便說到「羞惡之心，義之端也」。志至焉、氣次焉、義斷焉。從修養工夫上說，存善與去惡兩者，無去惡不能存善，如同老子之「虛」的工夫在於「損」。義，見端於羞惡，既羞惡而去之，所存者善也，擴而充之即是仁，即是配義與道

的浩然之氣。孟子之「志壹動氣」，又落實在這裡。可以看出，孟子吸取了《中庸》之「明乎善」（離婁上）工夫，與「羞惡」並用，是存善去惡雙向用力的路徑，為尚志者提供了很好的抓手，是很切實的方法。所以孟子說的配義與道以成就浩然之氣，說工夫，是存善與去惡並重；說持志，是與《中庸》之「擇善固執」為同一脈路。

　　志對於氣的引領地位，為後來儒家所公認。如明道說：「學者為氣所勝、習所奪，只可責志」（《近思錄》卷二）。伊川不僅說：「人只為氣勝志，故多為氣所使」、「若是志勝氣時，志既一定，更不可易」（《二程遺書》卷十八）；並且，雖孟子說浩然之氣時未加意指明志的地位，卻為伊川所指出：「若論浩然之氣，則何者為志？志為之主，乃能生浩然之氣。」（《二程遺書》卷十五）。趙岐注「夫志，氣之帥也；氣，體之充也」：「志帥氣而行之，度其可否也」，他注意到了志帥氣「度其可否」的揀別功能。朱子注謂，「若論其極，則志固心之所之，而為氣之將帥；然氣亦人之所以充滿於身，而為志之卒徒者也」，只論到志與氣的關係，較趙岐反有所疏忽。或許因為孟子說「志」貫徹於「養氣」時，在「義」對於「非義」的排斥、對於「羞惡」的並行，沒有作緊密的闡述；宋儒沒有用「志」作為可以雙向用力的標誌性概念。周濂溪用「靜」，二程皆不心許。明道用「敬」，同時還要補充說「毋不敬」，在工夫的分量上其實不相承。程朱系統似乎皆未能適當闡發，要到陸象山才解決好了。象山以前，「志」還是單一面相的「為善」意義上的概念，象山乃將志放在「心之所向」

的中立位置上。他提出「辯志」，對於志須有一辯，是「志於義」，還是「志於利」。這一辯清楚了，叫做「先立乎其大」，把「志」的問題突出擺在了工夫乃至問學之初階，非獨繼承孟子之論「志」，乃更有所發揮。

三、象山發明「本心仁義」的「辨志」工夫

陸象山思想的內核圍繞著「本心」二字，本心即仁義，本心即善：

> 3-1、蓋人受天地之中以生，其本心無有不善，吾未嘗不以其本心望之，乃孟子人皆可以為堯舜，齊王可以保民之義。（《象山全集》，以下稱《全集》，卷十一〈與王順伯〉二）

> 3-2、道塞宇宙，非有所隱遁，在天曰陰陽，在地曰剛柔，在人曰仁義。故仁義者，人之本心也。愚不肖者不及焉，則蔽於物欲而失其本心；賢者智者過之，則蔽於意見而失其本心。（《全集》卷一〈與趙監〉）

因為人不知保養反而戕賊放失，導致失去了本心：

> 3-3、中人之質，戕賊之餘，以講磨之力，暫息斧斤（案，孟子以牛山之木比喻人之本心，戕賊砍伐則草木

衰敗，培育將養則草木復蘇），浸灌於聖賢之訓，本心非外爍，當時豈不和平安泰，更無艱難？繼續之不善，防閑之不嚴，昏氣惡習，乘懈而熾，喪其本心。覺之則來復，豈得無艱屯？一意自勉，更無他疑，則屯自解矣。（《全集》卷四〈與諸葛誠之〉二）

3-4、大抵學者各依其資質聞見，病狀雖復多端，要為戕賊其本心則一而已。……苟有根本，自能不懈怠，不倦與同志切磋，亦何患不進學。（《全集》卷五〈與高應朝〉）

所以，為學就是要發明本心、復其本心。下引 3-7 更說到孟子的「必有事」、「勿忘」、「積義」、「養我浩然之氣」，就是要去「復其本心」：

3-5、孩提之童，無不知愛其親，及其長也，無不知敬其兄。先王之時，庠序之教，抑申斯義以致其知，使不失其本心而已。堯舜之道不過如此。（《全集》卷十九〈貴溪重修縣學記〉）

3-6、本心若未發明，終然無益。（《全集》卷四〈與潘叔文〉）

3-7、吾友能棄去舊習，復其本心，使此一陽為主於

內，造次必於是，顛沛必於是，無終食之間而違於是。
此乃所謂有事焉，乃所謂勿忘，乃所謂敬。果能不替不
息，乃是積善，乃是積義，乃是善養我浩然之氣。
（《全集》卷一〈與曾宅之〉）

象山要「復其本心」，故有「本心」之教：

3-8、象山數提「本心」二字，先生（楊慈湖）問：
「何謂本心？」象山曰：「君今日所聽扇訟，彼訟扇
者，必有一是，有一非。若見得孰是孰非，即決定為某
甲是，某乙非，非本心而何？」先生聞之，忽覺此心澄
然清明，亟問曰：「止如斯邪？」象山厲聲答曰：「更
何有也？」先生退，拱坐達旦，質明納拜，遂稱弟
子」。（《宋元學案》，以下稱《學案》，卷七十四）

3-9、他日侍坐，象山曰：「學者能常閉目亦佳」。先
生（詹子南）遂學靜坐，夜以繼日，如此者半月。一日
下樓，忽覺此心已復澄瑩中立，竊異之，擬質象山，象
山曰：「子何以束縛如此？」乃自吟曰：「翼乎如鴻毛
遇順風，沛乎若巨魚縱大壑，豈不快哉！」先生釋然。
（《學案》卷七十七）

但是，楊慈湖等受「本心」、「靜坐」之教的浙東弟子，
並未被象山推許為前茅。象山「於門人，最屬意者唯傅子

淵」，是江西一派的弟子，象山所施教，卻是以「辨志」為
先：

> 3-10、陳剛自槐堂歸，因問象山所以教人者，剛曰：首
> 尾一月，先生諄諄只言辨志。又言古者入學一年，早知
> 離經辨志，今日有終其身而不知自辨者，可哀也已。
> （《學案》卷七十七）

> 3-11、傅子淵自此歸其家，陳正己問之曰：陸先生教人
> 何先？對曰：辨志。正己復問曰：何辨？對曰：義利之
> 辨。若子淵之對可謂切要。（《全集》卷三十四〈語錄
> 上〉）

雖然「本心」之教與「辨志」之教看似不同，但不過是象
山教法之不同，至本至根說，兩教法相通。

> 3-12、（傅子淵）一日，讀《孟子‧公孫丑章》，忽然
> 心與相應，胸中豁然，尚未知下手處。及見象山，始盡
> 知入德之方，謂剛（陳剛）曰：陸先生教人辨志，只在
> 義利。嘗謂人曰：人生天地間，自有卓卓不可磨滅者
> 在，果能於此涵養，於此擴充，良心善端，交易橫發，
> 塞乎宇宙，貫乎古今。（《學案》卷七十七）

下手處在辨志、辨義利，意旨所在則是涵養一個「卓卓不

可磨滅者」，只是養一個「良心善端」。故象山以從「辨志」入手的學生為標竿，其諄諄而教、反復申言，乃以「辨志」為學者首要。

> 3-13、凡欲為學，當先識義利公私之辨。（《學案》卷五十八〈語錄〉）

> 3-14、志向一立，即無二事。此首重則彼尾輕，其勢然也。（《全集》卷十二〈與趙然道〉）

> 3-15、無志則不能學，不學則不知道。故所以致道者在乎學，所以為學者在乎志。（《全集》卷二十一〈論語說〉）

象山立志，即是先識辨義利，即是要志於義；說志於義，即是志於善，而志於善，尤為淺近，宜於下學而上達：

> 3-16、夫子言君子喻於義，小人喻於利。孟子謂欲知舜與蹠之分，無他，利與善之間也。讀書者多忽此，謂為易曉，故躐等陵節，所談益高而無補與實行。今子淵知致辨於此，可謂有其序矣。大端既明，趨向既定，則明善喻義，當使日進，德當日新，業當日富。（《全集》卷六〈與傅子淵〉一）

3-17、孟子所謂集義者，乃積善耳。（《全集》卷六
〈與傅子淵〉二）

孟子言「集義」，象山乃指為「積善」，其明善喻義、積
善，又以改過遷善為入手工夫，可謂直指人心：

3-18、或問：「先生之學當自何處入？」曰：「不過
切己自反，改過遷善」。（《全集》卷三十四〈語錄
上〉）

3-19、學固不欲速，欲速固學者之大患。然改過遷善，
亦不可遲回。向來與諸公講切處，正是為學之門，進德
之地。（《全集》卷四〈與劉淳叟〉）

3-20、古之學者本非為人，遷善改過，莫不由己。善在
所當遷，吾自遷之，非為人而遷也。過在所當改，吾自
改之，非為人而改也。故其聞過則喜，知過不諱，改過
不憚。（《全集》卷六〈與傅全美二〉）

改過遷善落到實處，就是「改過」，就是在「去不仁」、
「去不善」上下工夫，就是做減法[9]，去不善即所以「遷

---

[9]　象山對概念的提領，慣於從便於實踐的「去非」一面來敘述，又不僅在
　　去不仁去不善也。《全集》卷三十二論「主忠信」謂：「忠者何？不欺

善」：

> 3-21、君子固欲人之善，而天下不能無不善者以害吾之
> 善；固欲人之仁，而天下不能無不仁者以害吾之仁。有
> 不仁不善為吾之害，而不有以禁之、治之、去之，則善
> 者不可以伸，仁者不可以遂。是其去不仁乃所以為仁，
> 去不善乃所以為善也。（《全集》卷五〈與辛幼安〉）

> 3-22、王遇子合問：「學問之道何先？」曰：「親師
> 友，去己之不美也。人資質有美惡，得師友琢磨，知己
> 之不美而改之。」（《全集》卷三十五〈語錄下〉）

> 3-23、人心有病，須是剝落，剝落得一番，即一番清
> 明，後隨起來，又剝落，又清明，須是剝落得淨盡方
> 是。（《全集》卷三十五〈語錄下〉）

之謂也。信著何？不妄之謂也。人而不欺，何往而非忠？人而不妄，何
往而非信？忠與信初非有二也，特由其不欺於中而言之，則名之以忠；
由其不妄於外而言之，則名之以信」。又論「養心莫善於寡慾」謂：
「將以保吾心之良，必有以去吾心之害。何者？吾心之良，吾所固有
也；吾所固有而不能以自保者，以其有以害之也。有所害之而不知所以
去其害，則良心何自而存哉！故欲良心之存者，莫若去吾心之害。吾心
之害既去，則心有不期存而自存者矣。」孟子亦喜用此法，如〈盡心
上〉謂：「人能充無欲害人之心，而仁不可勝用也；人能充無穿踰之
心，而義不可勝用也。人能充無受爾汝之實，無所往而不為義也」。此
法乃工夫把柄，實具普遍性。

3-24、學者須是打疊田地淨潔，然後令他奮發植立。若田地不淨潔，則奮發植立不得。然田地不淨潔亦讀書不得。若讀書，則是假寇兵，資盜糧。（《全集》卷三十五〈語錄下〉）

3-25、今之論學者只務添人底，自家只是減他底。此所以不同。（《全集》卷三十四〈語錄上〉）

由上述，孟子「居仁由義」的「尚志」工夫，由幾個關鍵詞貫穿：「志帥氣」、「直養而無害」、「配義與道」、「集義」、「明善」、「羞惡」、「寡欲」、不事「非義」。象山發明「本心仁義」的「辨志」工夫的關鍵詞是：「立志向」、「志於義」、「積善」、「改過遷善」、「去不仁去不善」。明乎此，便可以明白象山的自信：「竊不自揆，區區之學，自謂孟子之後至是而始一明也。」（《全集》卷十〈與顏路彬〉）而這些關鍵詞，皆可以一「志」統攝貫穿，故可謂「志」是儒家工夫的通關密鑰。

從孟子的「尚志」到象山的「辨志」，確立了「志」在儒家工夫中指路牌、里程碑的地位。立志要在明理之先，因為人類社會長期演進而確認澱積而成的價值觀，也是人於潛移默化中不慮而知、不學而能的，這部分不在道理難明，不是知不知的問題，而是行不行的問題：志於義或是志於利？有沒有切實改過遷善之心？尚志辨志到這裡，直截了當無可躲藏，怎不催人汗下！如今日大家都知道，孝是個好東西，信是個好東西，

乃至於民主是個好東西，寬容是個好東西，儘管未立志或者根本不願意去行的人，也都不能不在口頭上承認其價值（反人類的獨裁者則偷換歷史文化概念，如戈培爾）。立志便只在一轉念間，不需有許多的糾葛。所以孔子說：「仁遠乎哉？我欲仁，斯仁至矣！」此一「轉念」，便已立志。當然，立志並未一切皆了當，後面還有大段的工夫，要一樁一件、一點一滴的「去不仁、去不義、去不美」。沒有後續的工夫，立志之一轉念，便成空轉。志，當然是指向仁與善的，立志之後的持志工夫，象山已指示得切實明白了。但孟子與象山為了強調「心」與「志」的重要作用，頗有單刀直入之語，學者無孟子象山之品格才力，實易走偏。如孟子養氣章，如果不是細細體會「集義」之路，恐怕會以為一經孟子點化，以志帥氣，便可得至大至剛、塞於天地之間浩然之氣；至於「君子所性，仁義禮智根於心。其生色也，睟然見於面，盎於背，施於四體，四體不言而喻」（盡心上），「仁義禮智，非由外鑠我也，我固有之也」（告子上），更不在話下了。如象山所說，還有大段機緣與工夫：「道非難知，亦非難行，患人無志耳。及其有志，又患無真實師友，反相眩惑，則為可惜耳。凡今所為汝言，為此耳。蔽解惑去，此心此理，我固有之，所謂萬物皆備於我。昔之聖賢先得我心之同然者耳」（《全集》卷一〈與侄孫浚〉）。

　　所以說，象山工夫雖說簡易明白，卻不是輕易可達成的事。象山稱許為及門第一的傅子淵，以及象山以「辨志」為教的一派弟子，為什麼沒有能夠繼承衣缽？《學案》謂傅子淵：

「象山言其疏節闊目，佳處在此，其病處亦在此」。所謂「疏節闊目」的「佳處」，如上引 3-16 象山稱子淵能抓住「辨志」的大端。而其「病處」，也曾為象山指出過：「善與過恐非一旦所能盡知……子淵所謂遷善改過，雖無一旦盡知之心，然觀其辭意，亦微傷輕易矣」（《全集》卷六〈與傅子淵〉一）。王陽明於此有一批註：「陸子亦以子淵為傷於輕易。宜朱子譏其氣質。」朱子謂子淵「氣質剛毅，極不易得，但其偏處亦甚害事」（《文集》卷三十六）。象山工夫的「改過遷善」，實際下手處在於去不仁、去不善、去不美，沒有相當時間的踏踏實實切己反思的苦功夫，是做不到的。但學者一旦自謂辨得義利明白，遂謂本心無不明，遽以為善惡關頭、義利關頭定無不打過，遂有萬物皆備於我之意，便是所謂失於「輕易」。所以傅子淵表現出來，「其舉動言論類多狂肆」（《全集》卷三十六）；張南軒說他「但所論學，多類揚眉瞬目之機」（《學案》卷七十七）。此於象山之學，較慈湖尤失之遠矣！

　　黃宗羲《慈湖學案》案語謂，「慈湖以不起意為宗，是師門之的傳」，但全祖望的案語也說「壞其教者實慈湖」，即是說楊慈湖之學偏離了象山的基本精神。但象山「學脈流傳，偏在浙東」、「象山之門，必以甬上四先生為首」，慈湖又甬上四先生之首。可見，象山「辨志」之教，未得善傳；其「本心」之教，又非能盡寄精神[10]。兩種教法，究竟何者為根本法

10　全謝山〈城南書院記〉：正獻（案，象山浙東弟子袁絜齋諡正獻）之言

門？本心與辨志又何者當為先？這些疑問在工夫路徑上是一定
會發生的：學者辨義利是為的復我之本心，本心未發明的時候
卻如何能分辨得出所志是義還是利？因此，從理論上對這兩種
教法，實際上是兩類工夫導向，確有做一統合疏解的必要，但
象山於此必要性似未及加以留意。我們看象山說的話，常要以
辨志為先，然而又時或有不同，如他說：「今人如何便解有
志？須先有智識始得」，「志箇甚底，須是有智識，然後有志
願。」（《全集》卷三十五〈語錄下〉），辨志持志之先還需
要有智識；又說：「大抵學者且當論志，不必遽論所到所志之
正不正」（《全集》卷六〈與傅聖謨三〉），辨義利似乎又非
第一事。倘若天假其年，在這些地方，當會有更明白的思想留
給後人。在今天的我們看來，本心即是善，辨志即是明善，兩
者一脈貫通；但是，「辨志」有其切實易行的一面，蓋其無待
於發見本心而本心自明。人從呱呱墜地開始，雖有好惡，卻未
必能辨善惡，故而其所好未必善、所惡未必惡，習心重的人，
或至於善惡顛倒。所謂不慮而知、不學而能的良知良能，大約
是指兩個方面：一方面，是就人之所以為人的本性而言，如孟
子所指出的惻隱之心、羞惡之心。聖人與賢人的這種仁心特出

有曰：「學貴自得，心明則本立，是其入門也。」又曰：「精思以得
之，兢業以守之，是其全力也。」槐堂弟子多守前說，以為究竟，是其
稍有所見，即以為道在是，而一往蹈空，流於狂禪。據此，謝山以為象
山學術，有入門與全力之別；而槐堂弟子所傳承的是「本心」的入門之
教。但槐堂諸儒以傅子淵為首，其受學乃以辨志為先。謝山之說，恐尚
須斟酌。

於眾人，而眾人本有此性又信服聖賢以為極則。另一方面，乃是指的社會文化積澱而成的共識所能給予個人的知識與心理的影響。舜居深山中，必須見一善行聞一善言，然後沛然如決江河。為什麼？一是自然界沒有善惡之別，無所謂善惡。二是言行之善已經成為了社會價值，有一個社會的共識，所以舜接觸社會而自然而然地獲得並認可了言行之善。聖人只是有志能行。眾人必須先立志，而善惡、義利多可自明，然後能好善惡惡，得好惡之正。而象山論志的話，卻與「此理本天所以與我，非由外鑠」，「仁即此心也，此理也」，孟子之四端亦此理也，這一類的話關聯較密；而與「集義」、「積善」、「改過遷善」一類的話關聯較疏。象山的教法與期望的成效有不小的差距，這一點，或者正反映了學者進學的立足點，與象山本人發明本心的工夫歷程，尚有不渾融處。王陽明說象山「只是粗些」，或者也是說的這一點。不過，這甚關緊要的一點，卻真是要到了陽明，才有了更好的解決。

四、陽明以「一念為善之志」統貫工夫

總括地說，孟子的「志」，是循著「義」的路徑，而得至於「居仁」；他主張的「養氣」工夫，即是以志帥氣、氣配義與道的「養志」工夫；從心之顯發處用功，擴充四端，而即所以知與聖賢同然之性。象山的「志」，先辨「志於義」的大端明白，改過遷善，此所以發明本心、復其本心。但因為象山的教法有兩般，辨義利、改過遷善的一路似乎僅處於為學之門、

問道之先的地位；而本心之教的一路又多偏在求其本心之澄然，善惡是非直問本心便得。弟子們倘各自偏安一隅，當然是很遺憾的缺失。陽明教法也有兩般，其一是「直從本原上悟入」，另一是「且教在意念上實落為善去惡」（《傳習錄【315】》）。但「四句教」（無善無惡心之體，有善有惡意之動，知善知惡是良知，為善去惡是格物）已經將兩種教法統合為一。故陽明之言「志」，頗能兼顧內外，貫穿存養與踐履、體與用、靜與動的工夫，而呈現圓融之姿。故陽明之言「志」，對於其教法可能藏伏的片面性亦有糾偏的功能。

陽明自三十四歲開始教授弟子，便「使人先立必為聖人之志」，直至其晚年倡「致良知」之說，其所謂「志」，真個是涵蓋了工夫首尾。首先，立志是為學之本：

　　4-1、源泉混混，不舍晝夜，盈科而後進。放乎四海，有本者如是。立志者，其本也。有有志而無成者矣，未有無志而能有成者也。（《王守仁全集》卷九〈寄聞人邦英邦正〉）

　　4-2、今時友朋，美質不無，而有志者絕少。謂聖賢不復可冀，所視以為準的者，不過建功名，炫耀一時，以駭愚夫俗子之觀聽。嗚呼！此身可以為堯舜，參天地，而自期若此，不亦可哀也乎？故區區於友朋中，每以立志為說。亦知往往有厭其煩者，然卒不能舍是而別有所先。誠以學不立志，如植木無根，生意將無從發端矣。

自古及今，有志而無成者則有之，未有無志而能有成者也。（《王守仁全集》卷十三〈寄張世文〉）

4-3、夫惡念者，習氣也；善念者，本性也；本性為習氣所汨者，由於志之不立也。故凡學者為習所移，氣所勝，則惟務痛懲其志。久則志亦漸立。志立而習氣漸消。學本於立志，志立而學問之功已過半矣。（《王守仁全集》卷十四〈與克彰太叔〉）

立志亦是辨義利、存善念：

4-4、數年切磋，只得立志辯義利。若於此未有得力處，卻是平日所講盡成虛語，平日所見皆非實得，不可以不猛省也！（《王守仁全集》卷九〈寄薛尚謙〉）

4-5、唐詡問：「立志是常存箇善念，要為善去惡否？」曰：「善念存時，即是天理。此念即善，更思何善？此念非惡，更去何惡？此念如樹之根芽，立志者，長立此善念而已。『從心所欲不踰矩』，只是志到熟處。」（《傳習錄》【53】）

4-6、善念發而知之、而充之，惡念發而知之、而遏之。知與充與遏者，志也，天聰明也。聖人只有此，學者當存此。（《傳習錄》【71】）

4-7、問：「『知止』者，知至善只在吾心，元不在外也，而後志定。」曰：「然。」（《傳習錄》【86】）

4-8、我此論學，是無中生有的工夫。諸公須要信得及只是立志。學者一念為善之志，如樹之種，但勿助勿忘，只管培植將去，自然日夜滋長，生氣日完，枝葉日茂。樹初生時，便抽繁枝，亦須刊落，然後根榦能大；初學時亦然，故立志貴專一。（《傳習錄》【115】）

亦是存天理、致良知：

4-9、問立志。先生曰：「只念念要存天理，即是立志。能不忘乎此，久則自然心中凝聚，猶道家所謂『結聖胎』也。此天理之念常存，馴至於美大聖神，亦只從此一念存養擴充去耳。」（《傳習錄》【16】）

4-10、先生曰：「人心是天、淵。心之本體無所不該，原是一箇天，只為私欲障礙，則天之本體失了；心之理無窮盡，原是一箇淵，只為私欲窒塞，則淵之本體失了。如今念念致良知，將此障礙窒塞一齊去盡，則本體已復，便是天、淵了。」（《傳習錄》【222】）

4-11、夫學者既立有必為聖人之志，只消就自己良知明覺處樸實頭致了去，自然循循日有所至，原無許多門面

折數也。（《王守仁全集》卷十〈答劉內重〉）

立志致良知，亦是掃除蕩滌、改過遷善：

4-12、問：「聲、色、貨、利，恐良知亦不能無。」先生曰：「固然。但初學用功，卻須掃除蕩滌，勿使留積，則適然來遇，始不為累，自然順而應之。良知只在聲、色、貨、利上用功。能致得良知精精明明，毫髮無蔽，則聲、色、貨、利之交，無非天則流行矣。」（《傳習錄》【327】）

4-13、先生問在坐之友：「比來工夫何似？」一友舉虛明意思。先生曰：「此是說光景。」一友敘今昔異同。先生曰：「此是說效驗。」二友惘然請是。先生曰：「吾輩今日用功，只是要為善之心真切。此心真切，見善即遷，有過即改，方是真切工夫。如此，則人欲日消，天理日明。若只管求光景、說效驗，卻是助長外馳病痛，不是工夫。」（《傳習錄》【97】）

4-14、意與良知當分別明白。凡應物起念處，皆謂之意。意則有是有非，能知得意之是與非者，則謂之良知。依得良知，即無有不是矣。所疑拘於體面，格於事勢等患，皆是致良知之心未能誠切專一。若能誠切專一，自無此也。凡作事不能謀始與有輕忽苟且之弊者，

亦皆致知之心未能誠一，亦是見得良知未透徹。若見得
透徹，即體面事勢中，莫非良知之妙用。除卻體面事勢
之外，亦別無良知矣。豈得又為體面所局，事勢所格？
即已動於私意，非復良知之本然矣。今時同志中，雖皆
知得良知無所不在，一涉酬應，便又將人情物理與良知
看作兩事，此誠不可以不察也。（《王守仁全集》卷十
一〈答魏師說〉）

　　案，此條所謂「致良知之心未能誠切專一」，即指立志之
心未切，立志貴專一。象山亦謂：「在人情事勢物理上做些工
夫」[11]。然象山只謂為工夫。故陽明之「志」，所涵容特為寬
闊。拘於體面，即礙於面子；事勢所格，指的為外勢所限制。

　　4-15、（薛）侃問：「專涵養而不務講求，將認欲作
理，則如之何？」先生曰：「人須是知學；講求亦只是
涵養，不講求只是涵養之志不切。」曰：「何謂知

---

[11]　《全集》卷三十四：「復齋家兄一日見問云：吾弟今在何處做工夫？某
答云：在人情事勢物理上做些工夫」。案，其所謂人情，同卷又有：
「吾於人情研究得到。或察見淵中魚者不祥，然吾非苛察之謂，研究得
到，有扶持之方耳。」是指的瞭解人。其所謂物理，卷三十五有「伯敏
云：如何樣格物？先生云：研究物理。伯敏云：天下萬物不勝其繁，如
何盡研究得？先生云：萬物皆備於我。只要明理。然理不解自明，須是
隆師親友」。其所謂事勢，卷三十四又有：「劫於事勢而為之趨向者，
多不得其正。」乃指的立身不為事勢所左右。

學？」曰「且道為何而學？學箇甚？」曰：「嘗聞先生教，學是學存天理；心之本體即是天理，體認天理，只要自心地無私意。」曰：「如此則只須克去私意便是，又愁甚理、欲不明？」曰：「正恐這些私意認不真。」曰：「總是志未切；志切，目視、耳聽皆在此，安有認不真的道理！是非之心，人皆有之，不假外求；講求亦只是體當自心所見，不成去心外別有箇見。」（《傳習錄》【96】）

　　案，此章有數義甚要緊。1、陽明之涵養，指的體認天理；講求，則是去非工夫。但陽明重言兩者合一，「講求亦只是涵養」。此意與 4-4 條相同。2、薛侃的疑問是怎麼能確定所認的是理而不是欲？這也如同象山義利之辨，怎麼能確定所志的是義不是利？陽明回答是，「志切，目視、耳聽皆在此，安有認不真的道理」。陽明的良知，聯繫到視聽言動，「必須非禮勿視、聽、言、動，方才成得箇耳、目、口、鼻、四肢」（《傳習錄》【122】），以「志」將「禮」規範視聽言動而始成為「良知」，志是統帥。陽明此意，若是以象山的術語說，辨志與發明本心，是連為一體密不可分的。簡潔地說，陽明認為，既然立志，就沒有利的問題，否則就不成志。3、克去私意，即是存天理，即得理欲分明。

　　因此，陽明之「志」，真正成為了工夫論中的「通關密鑰」。只一個志，便統貫了陽明所主張的道德追求的全部過程。陽明晚年只以致良知教人，良知是「無中生有」（見 4-

7）之「無」中轉出之「知」，再轉出之「良知」；若要信自
心有良知，首在立志：「諸公須要信得及只是立志」。立志是
立良知；持志便是致我心之良知於事事物物，如是貫徹始終。
故陽明常以志勉人、以志責人：

> 4-16、大抵吾人為學，緊要大頭腦，只是「立志」。所
> 謂「困、忘」之病，亦只是志欠真切。今好色之人，未
> 嘗病於困忘，只是一真切耳。自家痛癢，自家須會知
> 得，自家須會搔摩得；既自知得痛癢，自家須不能不搔
> 摩得。佛家謂之「方便法門」，須是自家調停斟酌，他
> 人總難與力，亦更無別法可設也。（《傳習錄》【144】）

> 4-17、學之不明，已非一日，皆由有志者少。好德，民
> 之秉彝，可謂盡無其人乎？然不能勝其私欲，竟淪陷於
> 習俗，則亦無志而已。故朋友之間，有志者甚可喜，然
> 志之難立而易墜也，則亦深可懼也。（《王守仁全集》
> 卷九〈與戴子良〉）

> 4-18、何廷仁、黃正之、李侯璧、汝中（王畿）、德洪
> （字洪甫）侍坐。先生顧而言曰：「汝輩學問不得長
> 進，只是未立志。」侯璧起而對曰：「琪亦願立志。」
> 先生曰：「難說不立，未是必為聖人之志耳。」對曰：
> 「願立必為聖人之志。」先生曰：「你真有聖人之志，
> 良知上更無不盡；良知上留得些子別念掛帶，便非必為

聖人之志矣。」洪初聞時心若未服，聽說到不覺悚汗。
（《傳習錄》【260】）

　　陽明教弟子，雖有利根、鈍根（或謂上根、中根以下）之
不同教法：「利根之人一悟本體，即是功夫，人己內外一齊俱
透了。其次不免有習心在，本體受蔽，故且教在意念上實落為
善去惡，功夫熟後，渣滓去得盡時，本體亦明盡了」。兩類人
受兩種教法，王龍溪是利根人的代表，錢德洪是「其次」一類
弟子的代表，陽明調和兩者謂：「汝中之見，是我這裡接利根
人的；德洪之見，是我這裡為其次立法的。二君相取為用，則
中人上下皆可引入於道，若各執一邊，跟前便有失人，便於道
體各有未盡」（《傳習錄》【315】）。「各執一邊」，為陽
明所深戒。4-17 這一條，是錢德洪所記。陽明說學生們「不
長進」、「未立志」，是將他有代表性的這兩位弟子（另一位
是王畿）都說在裡面了，所以德洪「不覺悚汗」。批評弟子
「未立志」，能立志則良知無不盡，而責之以辨義利、改過遷
善、一念為善、念念致良知、復其本體等全面的體悟與實踐，
則在其中矣。陽明並指示其糾偏之方謂：「洪甫須識汝中本
體，汝中須識洪甫功夫」（《明儒學案》卷二十五）。所以兩
類弟子皆能留意兼顧。錢德洪謂，「夫子嘗有言矣，曰至善者
心之本體，動而後有不善也。吾不能必其無不善，吾無動焉而
已」（《明儒學案》卷十一），是鈍根人之未忽略本體工夫。
王龍溪謂，「今人講學，以神明為極精，開口便說性說命；以
日用飲食聲色貨利為極粗，人面前不肯出口，不知講解得性命

到入微處，意見盤桓只是比擬卜度，於本來生機了不相干，終
成俗學。若能於日用貨色上料理，時時以天則應之，超脫淨
盡，乃見定力」（《明儒學案》卷十二），是利根人亦重日用
踐履也。細玩陽明兩弟子語，當可體味陽明「立志」說之警策
得力，亦當有助於理解陽明教法之本意。

五、結語

　　孔孟皆志學聖人，後世儒家莫不遵信以為志。從工夫論來
認識「志」之意涵與路徑，看出孔子言志，有種種求仁、為仁
之方，其中就包括了「無惡」、「不使不仁者加乎其身」等概
括性的去非敘述。孟子之志落實在居仁由義，實踐中以志帥
氣，即以義帥氣，集義而養成浩然之氣；但其謂「羞惡」、辨
別「非義」的一方面，尚未條貫。象山首提「辨志」，倡「義
利之辨」，以「志」為提領學者工夫之棒喝，期以發明本心、
復其本性。陽明言志，直接孔、孟。孟子尚志，非仁不成志，
非義亦不成志；陽明言志，非善不成志，非天理不成志，非良
知不成志。陽明主張念念致良知，即是要在事事物物上以知善
知惡之良知為衡準與斧斤，猶如孔子教顏回之非禮勿視聽言
動，實是最切實的、又是極高的要求。陽明的工夫論，卻不是
僅僅滿足於知善知惡、為善去惡上。良知，乃知善知惡的一點
靈明，此一點靈明，並不依賴善惡的存在而存在。此一知，即
此一靈明，固然要依附人身而存在，但在工夫過程中，卻可以
顯，也可以不顯。由其所顯，而知其未顯，體悟其「無中生

有」狀態。這便是陽明「天泉證道」之首句——「無善無惡心之體」，之所以不能不提的原因。因此，陽明可以謹以一「志」字，鞭策學者從頭至尾做工夫。

儒家工夫有種種方法進路，各方法進路又有種種次第階段，在研習進程中，但有彷徨昧黯，只抓住一個志字，立志、持志、責志，則大端不迷，前路在望；統言之，可以「持志」二字為鞭策始終之方。此所以「志」之一字為儒家工夫之「通關密鑰」也。

「善」，儒家工夫之道境

一、人性皆善是儒家思想的基石

　　徐復觀先生嘗謂：「我們應當知道，儒術並不是和其他的諸子百家一樣，只是代表一二人的特出思想，而是集結到周末為止的歷史文化的總和；儒家是從歷史文化的總和中以抽出結論，發現人類所應走的道路」[1]。人性皆善，是指每一個人與生俱來之性被確認為是善的，對這一結論，正應作如是觀。

　　孔子並未直接說出「性善」二字，但是後世都認為孔子之所謂「性」，定然是善的[2]。《論語》中有兩個「性」字，一

---

[1]　徐復觀《學術與政治之間》臺灣學生書局 2013 年 11 月初版，頁 356。

[2]　對於《論語》中將「善」與人的品德相關聯的章節，主要的注釋家們皆以性善視之。如〈八佾〉：「子謂韶，盡美矣，又盡善也；謂武，盡美矣，未盡善也」。朱注：美者，聲容之盛。善者，美之實也。舜紹堯致治，武王伐紂救民，其功一也，故其樂皆盡美。然舜之德，性之也，又以揖遜而有天下；武王之德，反之也，又以征誅而得天下，故其實有不同者。又如〈述而〉：「子曰：聖人，吾不得而見之矣；得見君子者，斯可矣。子曰：善人，吾不得而見之矣；得見有恒者，斯可矣」。朱注：愚謂有恒者之與聖人，高下固懸絕矣，然未有不自有恒而能至於聖者也。故章末申言有恒之義，其示人入德之門，可謂深切而著明矣。並

是「性相近也，習相遠也」（陽貨），又一是「夫子之言性與
天道，不可得而聞也」（公冶長）。後人以此指陳為孔子性善
說的，闡述之可信無出徐復觀。在氏著《中國人性論史》第四
章，徐先生論列三點：其一、「性與天命的連結，即是在血氣
心知的具體地性質裡面，體認出它有超越血氣心知的性
質。……把性與天命連在一起，性自然是善的」。其二、「僅
從血氣心知處論性，便有狂狷等等之分，不能說性相近；只有
從血氣心知之性的不同形態中，而發現其有共同之善的傾向，
例如狂者進取，狷者有所不為（子路），古之狂也肆，……古
之矜也廉……古之愚也直（陽貨）；『進取』，『不為』，
『廉』，『直』，都是在血氣之偏重所顯出的善，因此，他才
能說出『性相近』三個字」。其三、「性相近的『性』，只能
是善，而不能是惡的；所以他說『人之生也直，枉之生也幸而
免』（雍也）。此處之『人』，乃指普遍的人而言。既以
『直』為一切人之常態，以罔為變態，即可證明孔子實際是在
善的方面來說性相近」[3]。第一點與第三點的共同前提是認為
天命是善的，常態是善的，如果天命與常態都是惡而非善，則
人類將失去認識世界、認識自己、認識同類的基本坐標，這是
常識與公理決定的。至於第二點，徐氏的前提是：孔子之「天

引張敬夫曰：「聖人，君子；以學言。善人，有恒者；以質言」。邢
　疏：「善人即君子也」。是皆其例，無待一一而舉。
[3]　徐復觀《中國人性論史》臺灣商務印書館，2003 年初版，第十三次印
　刷，頁 88-89。

命」，乃道德性之天命。所引〈雍也〉一章全文為：子曰：
「古者民有三疾，今也或是之亡也。古之狂也肆，今之狂也
蕩；古之矜也廉，今之矜也忿戾；古之愚也直，今之愚也詐而
已矣」。說「廉」、「直」都是血氣之偏所顯出的善的共性，
因而得以與孔子體悟出的天命之性相關聯，當然是可以的；但
若是換一個角度來看，則或人也可以將「蕩」、「忿戾」、
「詐」這些同樣是血氣之偏所顯出來的「不善」或者「惡」的
共性，關聯到其人所體悟之「性」去。這樣來說孔子認為人性
皆善，沒有問題；然而並沒有證成人性皆善[4]。孔子雖然較其
前人更明確地將「善」與人的品德相關，但只在與「天命」相
關聯的範疇內認為「性」之「善」，卻沒有將性之善與性之惡
對舉，而只把「性」與「習」對舉。我們姑且認為這是孔子在
概念上的一種「處理」，這種處理，即使在我們今天看來，依
然是相當成熟的技巧。性是初原的先天狀態，習是後天所養
成。習相遠，因為習可善可惡，習於善即善、習於惡即惡，善
惡相去日遠，不能說相近。孔子只認性是善的，所以相近；其
有不善，皆歸之於習。後人以善惡說性，紛爭不斷，這是沒有
分辨明白孔子論性的前提。若是定要孔子亦以善惡說性，當然
孔子會說相近者善之性，相遠者惡之習。孔子說：「苟志於仁

---

[4]　徐氏論性，亦以為兼可善惡：「性之原義，應指人生而即有之慾望、能
　　力等而言，有如今日所說之『本能』。……此種慾望等等作用，乃生而
　　即有，且具備於人的生命之中；在生命之中，人自覺有此種作用，非由
　　後起，於是即稱此生而即有的作用為性；所以性字應為形聲兼會意字。
　　此當為性字之本義。」（同上，頁6）

矣，無惡也」（里仁），與「惡」對舉的，不是字面上的善，而是「志於仁」；仁是品德之善，志於仁是善的，無惡之志，亦只能是善的。孔子這句話可以看做將善與惡對舉。孔子會認性是善的，一方面，善、惡並非一物，乃人類分剖、抽取事類的特性，而名之為善或惡。善之字義，曰吉，曰美，曰義，皆為好的性質。以善為人類社會向前、向上、向好的方向發展的引導，這當然是符合人類的本性的，因為我們不能想像人類自我尋找的好的發展方向是違背人類本性的。這乃是基本常識，違背此常識，以為善的方向是背離人類的本性的想法，實質上是反人類的、斷滅種性的。因此說，人性之善雖或不易證成，但人性一定是善的，必須認定為善的。認定為善，比認定為惡更為合理，更為易簡。另一方面，天道之常態是生而不會是滅，乃能有天地萬物的合理生態在維繫，乃能有人類社會的休養生息；與天命之性的生的品質相關，人類社會中之常態的生的一面，孔子當然會認為是善的，若是歸之於惡，則社會將撕裂毀滅，而人亦將不人。天道本身必須是善的，天命、天賦人性，如同天賦人權，必須是善的，這是不易證明，也不必證明的道德公理、倫理公理、社會共識。所以，孔子認為人性皆善，正是從歷史文化中尋找出結論，發現了人類應走的道路。孟子直言性善，把孔子與天命相關聯的善之性，更推前了一步而直接證成人性皆善。從《孟子》書中可見，人性之善惡，在當時已經是熱議的話題。孟子主張性善，其與「無善無不善」、「可以為善，可以為不善」、「有性善，有性不善」等流行說法迥然不同。孟子證成性善的方法是：第一、人性，決

定了人之所以為人；人的生理的慾望和能力是人與禽獸皆有的；因此，導源於生理慾望的所謂「性」，不應該被視為人類特有的性。第二、因為禽獸之性，僅僅是生理的慾望和能力，所以人類特有的性，雖然本質上絕不類禽獸之性，但與禽獸的差別卻很小，「人之所以異於禽獸者，幾希」（離婁下）。孟子以自身的證悟，發現了在特定情況下所顯現的善端，也就是異於禽獸的「幾希」之性：此性為善，因為「今人乍見孺子將入於井，皆有怵惕惻隱之心。……由是觀之，無惻隱之心，非人也；無羞惡之心，非人也；無辭讓之心，非人也；無是非之心，非人也。惻隱之心，仁之端也；羞惡之心，義之端也；辭讓之心，禮之端也；是非之心，智之端也。人之有是四端也，猶其有四體也」（公孫丑上）。孟子又說：「惻隱之心，人皆有之；羞惡之心，人皆有之；恭敬之心，人皆有之；是非之心，人皆有之」（告子上）。發此溫暖、正義、和平四種心（四端）的「仁義禮知」之性，在人類的感情和邏輯上都不可以被認為是非善的、惡的，必須是善的。以性為基礎、以情為表現的「四端」之發，不僅需要善性，還需要其他生理因素的參與，性之善才能顯現，孟子便總括地將所發稱為包涵了性與情的「心」，以心善證性善。而追根溯源地說，發出的善情乃見善性。這「四端」，人人皆有，只要一經反省，人人都可以發現而實證之，即可以承認性善的事實。第三、人性皆善為歷史文化傳統所承認：「詩曰：『天生烝民，有物有則。民之秉彝，好是懿德。』孔子曰：『為此詩者，其知道乎！故有物必有則，民之秉彝也，故好是懿德』」（告子上）。第四、聖

人、凡人同情。聖人的品德是公認為美好的、善的，聖人的性當然也是美好的、善的，因人類生理相同推知人性皆同：「口之於味也，有同耆焉；耳之於聲也，有同聽焉；目之於色也，有同美焉。至於心，獨無所同然乎？心之所同然者何也？謂理也，義也。聖人先得我心之所同然耳。故理義之悅我心，猶芻豢之悅我口」（告子上）。孟子認為，人的品德、行為表現出來的惡，由兩個原因所導致：首先，是外部環境和條件導致善性的陷溺：「富歲，子弟多賴；凶歲，子弟多暴，非天之降才爾殊也，其所以陷溺其心者然也」（告子上）。其次，人自身不努力戕害了善性：「雖存乎人者，豈無仁義之心哉？其所以放其良心者，亦猶斧斤之於木也，旦旦而伐之，可以為美乎？其日夜之所息，平旦之氣，其好惡與人相近也者幾希，則其旦晝之所為，有梏亡之矣。梏之反復，則其夜氣不足以存；夜氣不足以存，則其違禽獸不遠矣」（告子上）。這兩個原因的共同點在於，導致善心善性陷溺與梏亡的，都是五官四體的生理機能在發生作用。

　　孟子論性，重在人與禽獸之別的那一點點「幾希」；論善，重在未受生理慾望干擾的瞬間，「乍見」的那一瞬間。人禽之別的那一點幾希之微，乃與孔子的「性相近也」之「性」，一脈相承，都是將性之善惡作了剝離處理，將善的部分歸之於性，而將不善的部分，如同孔子的歸之於「習」，歸之於「幾希」以外的「同於禽獸」者。孟子說的性善，因為是「幾希」之微芒與「乍見」之閃光，所以他也認為，「乃若其情，則可以為善矣，乃所謂善也」。換言之，性可以為善，混

合了其它因素的「情」卻不必然為善。但孟子將人區別於禽獸的一部分性確認為善性，實質上是說性善的部分使人得以為人，這卻是確然可以成立的。人性皆善，即是說人人生而即有、區別於禽獸的「人性」，都是善的；若說人的生而即有之性中有不善，可以因其動物性的根源無別與禽獸，而歸之於「獸性」，而不屬於「人性」。孟子又用「命」與「性」來作區別：「口之於味也，目之於色也，耳之於聲也，鼻之於臭也，四肢之於安佚也，性也，有命焉，君子不謂性也。仁之於父子也，義之於君臣也，禮之於賓主也，知之於賢者也，聖人之於天道也，命也，有性焉，君子不謂命也」（盡心上）。耳目口鼻，雖亦可以性言而放任，但「君子」應歸之於命定的約束；仁義禮智，雖亦可以認命而不為，但「君子」應服從於善性的不能自已。人之善性根植於自心自性，「仁義禮知根於心」，此一觀察之成立，遂使人人可以自我體認、自我修行，追尋得見聖人之道而無事於旁求。

儒家思想的這一基本面從此堅不可摧，雖我民族歷經兩千年風雨磨難，而能維繫傳統文化精神於不墜，其影響所及，百姓日用而不知，遂形成人倫社會的頑強生命力，延續我民族之命脈未與種種黑暗同歸於盡。故謂，性善乃儒家思想之基石。孔孟之後，人性皆善乃成為中國社會之公理。

二、善的地位在工夫論中的確立

孔子的工夫做在「仁」字上。仁乃生而即有，當下即是，

如孔子所說的「仁遠乎哉？我欲仁，斯仁至矣」（述而）。但仁與性相似，卻是無聲無臭無形無相的，必因事而見，皆不可指陳。譬如孟子「道性善」，只能道「心善」，因為有發露之情與才，方表現出性來。所以，孔子要在「仁」上下工夫，便只能說求仁之方，所謂「能近取譬，可謂仁之方也已」（雍也）。這包括：「孝弟」、「愛人」、「無怨」、「己所不欲，勿施於人」、「如見大賓，如承大祭」、「居處恭，執事敬，與人忠」、「剛毅木訥」、「恭寬信敏惠」等等具體的某一方面、也是某一層級的仁。最直接而無處不在的，是「克」字工夫：「非禮勿視，非禮勿聽，非禮勿言，非禮勿動」（顏淵）。視聽言動由五官四體所發出，「克」就是對五官四體進行約束，以達到「從心所欲不逾矩」、身心間無阻隔的狀態，達到天道之性的直接呈露，似近乎「天下歸仁」：「克己復禮為仁。一日克己復禮，天下歸仁焉」（顏淵）。禮的實現就是仁的全般呈現。這其實就是，了解了禮的形式和本質，切實遵從之，積以時日，以達到其心為理所充滿而不為肢體的慾望所影響，光明通透，這時心中定無人我之隔膜，無物我之類異，所謂「天下歸仁」。孔子只對顏淵說這種「克」字工夫，可見這並不是一般修習者容易遵從的途徑。實際上，仁既是孔子思想與儒學的核心，又是道德精神的最高境界與衡量事物的最高標準，並且體現在「為仁」，即「求仁」、從事於仁的各方面與各層次，故其對於修習者之不易掌握，顯亦可知。善則不同，在心性的層級與工夫的境界上，是低於仁的。善乃是一切美的德性和行為的總屬性。仁為人性之實體，善為人性之實

性。善有著寬泛的外延，周納了仁義禮知忠信等一切好的日用常行的德行，故而處處皆可著手實行。「善」在孔子之前，多用於稱讚事物與行為之「好」，只偶有與人的品德相關聯。《論語》中則多見以「善」稱讚好的品德與行為。不過，論語中「善」的地位去仁太遠，如「子張問善人之道。子曰：不踐跡，亦不入於室」（先進）。孔子只將「善」看作心性的基本屬性，而不是可以據以修習的途徑，如同「仁之方」，或者如同「克」。孟子的工夫論，卻從全體呈現仁的視角來為「善」立定地位。首先是對「善」有了自覺地選擇追求的狀態，如他說：「誠身有道，不明乎善，不誠其身矣」（離婁上）。「明善」，當然是作工夫的前提和入手。他又說：「仁義忠信，樂善不倦」（告子上）；仁義忠信在孟子是「樂善」的內容，而「樂善不倦」，又在《中庸》「擇善固執」的基礎上進了一步。《論語・雍也》：「知之者不如好之者，好之者不如樂之者」，「樂善」，則不僅是心力的保持貫注，更是樂此不疲，浸潤而成為修習者生命的一部分。無論是何種條目之善，皆當孜孜不倦地「為善」，而終於「樂善」，仁義忠信，發乎本心，非從外爍，所謂「孳孳為善者，舜之徒也」（盡心上）。朱元晦將孟子這一番意思，引以詮釋孟子之「集義」，謂：「集義，猶言積善，蓋欲事事皆合於義也」（公孫丑上）。「集義」以「養吾浩然之氣」，也即是「積善」以養成浩然之氣。這裡「集義」的「義」字，是合「道義」兩字的省稱。積善，乃實行善性所涵括的一切美德，仁義禮知孝弟忠信，故集義即可謂「積善」。集義之「義」，與仁義禮知之「義」非一

事，譬如言「仁義」之「義」，與「義」便不好區分，言「為善」、「善」，則可與「義」與「仁」在概念上界劃清晰。所以說孟子言「善」，不倦地踐行性中之善，是不斷地「擴充」心之善端，以至於「盡心」、「知性」、「知天」。養氣，從這地方看來便是養善，就此而言，孟子的工夫是一個「養」字工夫。

　　上文提到，孟子因情善而證成心善、性善，他同時也承認，性雖可以為善，但若一旦「放其良心」、「失其本心」，心性情皆不必然為善。如上文提及的蕩、忿戾、詐，甚至嫉妒、貪婪等等，血氣之偏重所導致的情之不善，亦可以在後世因對「性」之概念的不同理解，或者因為特定的需要，而歸之於性之惡。例如荀子，就完全地僅僅將「好利」、「疾惡」、「耳目之欲」歸之於「生而有」之性（均見《荀子‧性惡篇》）。但他認為性之惡是可以相離的，性與善也可相結合，實際上主張的是性無定向，與告子的主張相同。但荀子的理論需要主張性惡，以安置重禮、重師、重法的必要性，所以荀子把性歸於惡。故荀子之所謂性惡，乃與孔孟之所謂性善，並不是就同一個性說善惡。但荀子認為善不出於人的生而即有之性，需要以學知外在的「仁義法正」而通向善，善不在內而在外，這便在根本上背離了儒家思想的基點。荀子的性惡論，不僅因為其論證薄弱，更因為以此為基點構築的社會政治與孔子處於相反的取向，以這一政治觀點為導向，必將置人民於專制主義和強權政治的淫威之下，故而並不為後世儒家乃至中國社

會所認可[5]。就另一方面說，孟子揭示的因「乍見」而遽顯光芒的人性之善，乃同時是儒家工夫論方面的偉大創見。人性，其所別於禽獸之「幾希」，與天然易於消失之「乍見」，是如此的珍稀與脆弱，故而需要「養」：「苟得其養，無物不長；苟失其養，無物不消」（告子上）。惟其植根於自心，惟其必須經由自身的修習，於是孟子由身體力行而得歸納提煉出「養氣」工夫：仁義禮知皆為善，「凡有四端於我者，知皆擴而充之矣，若火之始然，泉之始達」；故擴充四端就是擴充善，由心的工夫而接於事物，「苟能充之，足以保四海；苟不充之，不足以事父母」（公孫丑上）。其間的細膩向內的工夫是：「求其放心」，「存夜氣」（告子上）、「志至焉，氣次焉」，「持其志，無暴其氣」（公孫丑上），「以直養」；其由內向外的工夫是：「配義與道」、「集義」、（公孫丑上）。知性之善，乃不倦地認識它與重複它，故謂此工夫皆孟子「明善」、「為善」、「樂善」的具體內容，而仁義禮知孝弟忠信乃可視為善之條目；善即是貫穿始終之總綱，亦工夫亦境界亦成效，故幾幾乎可名之為「道境」。如孟子說：「人能充無欲害人之心，而仁不可勝用也；人能充無穿踰之心，而義不可勝用也；人能充無受爾汝之實，無所往而不為義也」（盡心下）。無欲害人之心，是惻隱之心的擴充；無穿踰之心與無受爾汝之實，是羞惡之心的擴充。其不倦的擴充的結果，便是

5　參見徐復觀《中國人性論史》第八章，頁 223-262，〈學術與政治之間〉，頁 214-220。

仁義等等德目的充實飽滿的呈現，便是善的充實飽滿的呈現。
所以孟子又說「可欲之謂善」（盡心下），可欲，正是非由肢
體控制之欲；徐復觀先生釋此句最好，其謂：「這是說凡道德
性地善，它的自身便是在人之內部要為人做主的，所以它的本
身即具有實現的要求」[6]。又可以說，孟子的「養氣」，是養
得一個要為自己作主的「善」。若說孔子以「近取譬」的諸多
事為為求「仁之方」，則孟子是以「為善」為求仁義之方。
「善」在孟子，是一個整體。

　　孔孟之後對人性不信任的學派如田駢、慎到等道家末流，
以及韓非等以性惡心惡為其出發點的法家們，固不足以論修
己。後來儒家代表人物之論性，大體上都承認人性之善源自於
生而即有之性，非由「外爍」而來，即非由學而得來的外來之
善，因而是呈現自性自心之善。所不同者在兩個問題：一是劃
分「善性」的界域不同，或認為人性皆善，或者認為人性混雜
善惡。如西漢之董仲舒，他認為「善出性中，而性未可全為善
也」（《春秋繁露‧深察名號》）。但他主張的是「相對性善
論」，謂性有三等，禽獸、萬民、聖人，他只認為聖人之性才
善得足：「質於禽獸之性，則萬民之性善矣；質於人道之善，
則民性弗及也；萬民之性善於禽獸者許之，聖人之所謂善者弗
許；吾質之命性者，異孟子，孟子下質於禽獸之所為，故曰性
已善，吾上質於聖人之所為，故謂性未善。」（同上）。即是
說，生靈之性，善的成色分量有不同，（案，董氏似乎認為性

6　　徐復觀《中國人性論史》第六章，頁 183-184。

皆同質，因此是可以比較的；如此，獸性也是性，人性也是性，故獸性可以質民性之善。）故善是相對於不同層級的相對善。董仲舒又認為「隱形性善」說：「性有似目，目臥幽而瞑，待覺而後見。當其未覺，可謂有見質，而不可謂見。⋯⋯當其未覺，可謂有善質，而未可謂善」（《春秋繁露・深察名號》）；所以他究極地說：「米出於粟，而粟不可謂米；玉出於璞，而璞不可謂玉；善出於性，而性不可謂善」。董生與孟子的相同處，是認可善源於性。但他說性善，卻把成就善、體現善的動因歸於外部，說眾人之性善非同聖人之性善，而且對於克服不善、指示進步之階的方法和著力處，更不能望孟子之項背。於是有第二個問題，如何發掘、喚醒自身的善性；此一問題又形成了兩大畛域。孔子和孟子認為善出於與生俱來的人性，並且人人可以通過一定的工夫路徑自我修習與證悟，來呈現人性之善；由此出發，當然延伸至探索身心修己工夫。由董仲舒的性善論出發，會導致性之善並不能通過自身的沉潛證悟而呈現，而是需要外來之「教」才能呈現：「性者，天質之樸也，善者，王教之化也；無其質，則王教不能化，無其王教，則質樸不能善」（同上〈實性〉）；因為性之善的呈現依賴於「王教」，所以自身工夫方面的努力自是處於第二位的，即自身的沉潛證悟並不能起決定性的作用。揚雄雖說：「人之性也善惡混」（法言・修身），卻主張「修其善則為善人，修其惡則為惡人」，自身的修習亦可至於善或者至於惡，「氣也者，所以適善惡之馬也與？」（《揚子法言・修身》）；但他所主張的沉潛證悟，是趨向於善：「君子貴遷善。遷善者，聖人之

徒與？」（法言・學行）。他因此主張學孔子的工夫，在視聽
言動上實下工夫：「或問治己。曰：治己以仲尼」（法言・修
身）、「聖人耳不順乎非，口不肆乎善（案，謂不習而善）。
賢者耳擇口擇，眾人無擇焉」（法言・學行）、「學者，所以
修性也。視、聽、言、貌、思，性所有也。學則正，否則
邪。」（法言・學行）。故揚雄在指認性之善方面不同於孔
孟，但在工夫論方面卻與孔孟的路脈接近。唐韓愈認為性有上
中下三品，其實也是認為人性善惡混，陸象山說他「卻將氣質
作性說了」（《象山全集》卷三十四）。韓愈認為善與惡的程
度要根據不同的品而定，但是他只發議論不說工夫，並不重視
怎樣來更多地呈現善性，所以只說：「上之性，就學而易明；
下之性，畏威而寡罪。是故上者可教，而下者可制也」（原
性）。「中之性」怎麼辦呢？他似乎沒說；不過可以看出他不
主張依靠自身的沉潛體悟以發明自性。與韓愈同時的李翱認定
「性無不善」，主張「人之性皆善，可以循之不息而至於
聖」。他主張的向外的工夫是：「在車則聞鸞和之聲，行步則
聞佩玉之音，無故不廢琴瑟，視聽言行，循禮法而動，所以教
人忘嗜欲而歸性命之道也」，雖然工夫在外，尚可說是孔門非
禮勿視聽言動之矩矱。而其說向內的一截工夫，卻並非儒家路
脈。如說盡性命之道，引《中庸》，卻不認「誠則明，明則
誠」，而說「虛則明」：「至誠而不息則虛，虛而不息則明，
明而不息則照天地而無遺」；解《大學》「致知在格物」為
「不應於物」：「物至之時，其心昭昭然明辨焉，而不應於物
者，是致知也，是知之至也」，是不應物之虛。他說「弗慮弗

思，情則不生，情既不生，乃為正思。正思者，無慮無思也。」；「方靜之時，知心無思者，是齋戒也。知本無有思，動靜皆離，寂然不動者，是至誠也」（此節引文皆自《復性書》）。是內外不相照應的，與孟子工夫不同，與中庸大學工夫亦不同。這一點應特別加以指出。

清人戴震的《原善》，只開篇一句「善：曰仁，曰禮，曰義，斯三者，天下之大衡也」，便可謂有功於聖門。其較明高攀龍之「為善者，乃是仁義禮智之事也」（《明儒學案》卷五十八），尤為明確。以「善」之一字統括心性義理的基本特徵，在戴東原，是從理論上合上了儒家工夫的門徑。他承認善是天地之常：「察乎天地之常者，可與語善」，承認人性皆善：「人之性相近，胥善也」、「論語言相近，正見人無有不善」（案此一句引自《孟子字義疏證》，餘皆引自《原善》），也承認工夫的必要性：「君子克己之為貴」、「擇善，則心之精爽進於神，明於是乎在」、「有節於內之謂善」，等等。此固不乏清晰之見，不過，他似乎只自限於在概念上打轉，對於學者認識善的內源性、沉潛證悟以顯發己身之善，東原所論實無可助力。此亦清代學人在此一問題上不可望宋明儒項背之一顯例。

上述漢唐儒家的代表人物，似乎只有一個李翱徹底地認為人性本善，其他如董仲舒的相對性善說、揚雄的性善惡混說、韓愈的性三品說等等，其實是認為性可善可惡而不能明白確認人性皆善，工夫路徑也就無從延續討論了。如上文所指出的，孔孟確認人性皆善，是將人性中善的一面指認為普遍的與生俱

來的異於禽獸的人之性。有了對這一點的確認，才能談得到人皆可以希賢希聖，才能談得到沉潛體悟的工夫。這要到了宋儒，才有對此的真正體認。

三、性善說在工夫論中的發展

我們再將上述儒家性善的思想加以簡單的概括：其一、自然界無所謂善惡，人類社會才提出善惡問題，一有善惡問題便伴隨著產生辨別善惡的能力，所以，辨別善惡乃人類與生俱來的能力。老子亦作此論，《道德經》第二章謂：「天下皆知美之為美，斯惡已；皆知善之為善，斯不善已」，亦作此意。所以能辨別善惡，即因為性之善，此能力亦是生而即有、與生俱來的，也即內源性的。其二、性是本能。儒家只認不受慾望控制和影響的本能為人之性。孔孟將此能力稱之為性，而將與其他生命體相同的、與生俱來的生理慾望與能力，歸於「習」、「欲」。其三、此本能，須經體悟、訓練而呈現為自覺的狀態，才可避免人性之陷溺不彰，所謂「復性」。

宋儒由程明道與程伊川開始，發揮了孔孟關於人性皆善的思想。明道認可人類有與生俱來的性之善，不過他認為，「性即氣，氣即性，生之謂也。人生氣稟，理有善惡。……善固性也，然惡亦不可不謂之性也」。這麼一來，性善就成為有條件的：「凡說人性，只是說『繼之者善也』。孟子言性善是也」。他卻似乎並不將惡排除在本能之外，所以他不決然指示人性皆善，而說：「才說性時便已不是性也」。但明道將人性

的善與惡比喻為水的清與濁，強調澄清復原的工夫：「清濁雖不同，然不可以濁者不為水也。如此則人不可以不加澄治之功。故用力敏勇則疾清，用力緩怠則遲清。及其清也，則卻只是元初水也。……水之清，則性善之謂也」（以上皆見《近思錄》卷一）。明道意思，人一生下來性就不純為善，是渾濁的水，人在後天加以澄治，才有純粹的性善。他又說，「蓋良知良能，元不喪失。以昔日習心未除，卻須存習此心，久則可奪舊習」（《宋元學案》卷十三）。「澄治之功」，就是自己做的工夫。明道的工夫論直接把握在「仁」上，以「仁」統括「義禮智性」的性質：「學者須先識仁。仁者，渾然與物同體，義、禮、智、信皆仁也。識得此理，以誠敬存之而已」；而其工夫節目，是一個「敬」字：「敬則只是敬，敬字上更添不得」（《二程遺書》，以下稱《遺書》，卷二上）。明道認為這是徹上徹下的工夫：「敬義夾持直上，達天德自此」（《近思錄》卷二）；「但存此涵養意，久則自熟矣。敬以直內，是涵養意」（《宋元學案》卷十三）。所以，明道心目中之「善」，似在工夫論上沒有位置。程伊川與明道不同，他堅持人性皆善，而將不善的、惡的部分指陳為「氣」、為「流」、為「才」[7]：「氣有善有不善，性則無不善也」

7　伊川以為「不善者，才也」，似與孟子不同。孟子曰：「若夫為不善，非才之罪也。」才，即是實現性之善的行動力。朱注謂：「人有是性，則有是才，性既善則才亦善。人之為不善，乃物欲陷溺而然，非其才之罪也」。這是非常到位的。

（《宋元學案》卷十五）；「心本善，發於思慮，則有善有不善。若既發，則可謂之情，不可謂之心。譬如水，只謂之水，至於流而為派，或行於東，或行於西，卻謂之流也」（《遺書》卷十八）。性即理，性即道，理與道怎麼可能不善呢？所以「稱性之善謂之道，道與性一也。以性之善如此，故謂之性善」（《宋元學案》卷十五）、「性即理也，所謂理，性是也。天下之理，原其所自，未有不善」（《遺書》卷二十二上）。其實他將性一分為二，善的性，所謂「性之本」；與不盡善的性，所謂「氣質之性」。針對「氣」與「流」做工夫，就是復歸、至於善，所謂「復性之本」：「若夫學而知之，氣無清濁，皆可至於善而復性之本」（同上）。說起來，伊川的工夫本當是要扣住「善」來做的，但因為他認為「喜怒哀樂未發，何嘗不善？發而中節，則無往而不善」（同上），而未發時的善似乎又渺不可得，於是問題就大了。伊川說：「既思即是已發。思與喜怒哀樂一般。才發便謂之和，不可謂之中也」（《遺書》卷十八）。未發之時，連「思」都不能「思」，則靜中的工夫空空如也，怎麼去明得善？當伊川的學生蘇季明問道：「學者於喜怒哀樂發時固當勉強裁抑，於未發之前當如何用功？」伊川只能答道：「於喜怒哀樂未發之前，更怎生求？只平日涵養便是。涵養久，則喜怒哀樂發自中節」（同上）。這裡所謂的「涵養」，就很不好捉摸，也很不容易實踐。從文獻的記載來看，伊川每被問到這裡，要不就岔開，要不就說「難」。

　　（蘇季明）曰：「固是所為皆中，然而觀於四者（喜怒哀

樂）未發之時，靜時自有一般氣象，及至接事時又自別，何也？」（伊川）曰：「善觀者不如此，卻於喜怒哀樂已發之際觀之。賢且說靜時如何？」曰：「謂之無物則不可，然自有知覺處。」曰：「既有知覺，卻是動也，怎生言靜？人說『復其見天地之心』，皆以謂至靜能見天地之心，非也。《復》之卦下面一畫，便是動也，安得謂之靜？自古儒者皆言靜見天地之心，唯某言動而見天地之心。」（《遺書》卷十八）

案，伊川不說靜，不討論靜時氣象，不銜接動靜，說靜時不好用功。

或曰：「莫是於動上求靜否？」曰：「固是，然最難。……蓋人萬物皆備，遇事時各因其心之所重者，更互而出，才見得這事重，便有這事出。若能物各付物，便自不出來也。」或曰：「先生於喜怒哀樂未發之前下動字，下靜字？」曰：「謂之靜則可，然靜中須有物始得，這裡便（一作最）是難處。學者莫若且先理會得敬，能敬則自知此矣。」或曰：「敬何以用功？」曰：「莫若主一。」（同上）

案，未發之前謂之靜，靜中卻要有物，沒路頭，只得說敬。既然連「思」都被歸於動了，則所謂「靜中有物」就很難揣摩，喜怒哀樂未發時之善亦難以捉摸。故伊川看「動」與「靜」似未圓融，他對於性善的堅持並沒有落到實處，其在工夫論上亦未及明道。朱元晦為伊川四傳，依從已發求未發的路脈，實踐師門的「觀喜怒哀樂未發氣象」不遺餘力。到了四十三歲上，朱元晦卻稱從前自己的工夫論為「中和舊說」，稱從已發求未發是不對的，而「中和新說」重在未發之中與致中

和,是切實領會了李延平的工夫論[8]。若就朱元晦的實踐看,伊川的工夫途轍確實有其難行處,人論其弟子皆近禪,未為無因。

　　如上文所述,明道和伊川都已明瞭孟子說性善實際是認定的性之善,但是兩人說性善並不同。明道不確然認為性之純善,而與生俱來之不善,當人有其性時便附著在人性上,所以,「才說性時便已不是性」;這等於說,才說性善時性已有不善,所以明道其實是性「善惡混說」。伊川則將性分為「性之本」與「氣質之性」,實質上是性「二分說」。朱子又與二程不同。他認可二程對孟子性善的理解:「到孟子說性,便是從中間斡出好底說,故謂之善」(《朱子語類》卷四);但他直承孟子之說:「性則純是善底」(《語類》卷五)。他將不善之根源歸於「氣」、「氣質」,而與「性」無關:「氣自是氣,性自是性,亦不相夾雜」(《語類》卷四)、「性本善而已,才墮入氣質中,便薰染得不好了。雖薰染得不好,然本性卻依舊在此,全在學者著力。今人卻言有本性,又有氣質之性,此大害理!」(《語類》卷九十五)。所以朱子是性「純善說」。

　　雖然朱子的工夫論,主張「平日涵養之功,臨事持守之力」[9]。但其工夫入手處,以及持守不輟、與敬的心氣狀態同

8　參見拙文〈朱子參證儒家工夫之始末〉,收入《儒家工夫論》(臺灣學生書局,2017 年 2 月初版,頁 93-99)。

9　前人許多論朱子工夫,多言繼承伊川的「涵養須用敬,進學則在致

行的，是緊扣住一個「善」字：「學者須是求放心，然後識得此性之善」（《語類》卷十二）；求放心是孟子工夫，將心收回來後便去認識性之善，是《中庸》所謂明善。「先明乎善，而後能實其善者，賢人之學」（《中庸章句》第二十一章）；所謂明善，即「蓋人之性無不同，而氣則有異，故惟聖人能舉其性之全體而盡之。其次則必自其善端發見之偏，而悉推致之，以各造其極也。」（同上第二十二章）。朱子常說的「涵養」，是涵養個什麼？亦只一「善」而已：「不論感與未感，平日常是如此涵養，則善端之發，自然明著」（《語類》卷十二）。涵養是如此，臨事持守也是如此：「到慎獨處，便是發了，『莫見乎隱，莫顯乎微』，雖未大段發出，便已有一毫一分見了，便就這處分別從善去惡」（《語類》卷九十六）。朱子雖然到了五十九歲前後，不以延平靜坐工夫為然，又主張持敬與讀書是一回事；其為學次第由推重《中庸》轉向推重《大學》[10]，但其盛年時所言「涵養」與「持守」工夫，實最為無

知」，此實有誤解。《語類》卷十二錄有：「陳一之求先生書『涵養須用敬，進學則在致知』字以為觀省之益。曰：『持敬不用判公憑。』終不肯寫」。朱子之終不肯寫，因他並不以涵養、進學兩事為工夫一貫。但於祖師門庭，似不便言其不足。朱子工夫，實在涵養、持守，而以敬貫穿動靜。涵養用敬，而敬「只收斂身心，整齊純一，不恁地放縱，便是敬。」（《語類》卷十二），這在不接物的涵養狀態，是沒有問題的。進學在致知，卻只是偏在了求知一面，卻將「持敬」、「臨事」等大段工夫遺漏了，而且又與道德要求脫節。以「平日涵養，臨事持守」八字指陳朱子工夫，似更為全面和準確。後當以專文敘述此意。

10　同注8，頁107-109。

病，亦可以《中庸》二十章之「誠之者，擇善而固執之者也」一言道盡。朱子既認為「天下只是『善惡』兩言而已」，所以「學，大抵只是分別個善惡而去就之爾」（《語類》卷十三）；則仁義禮知舉凡道德理性所涵括者皆可據此著力。而他一再說的「持敬」，反顯得力道不夠，因為他自己就認為這個工夫「難」。他說：「學莫要於持敬，故伊川謂：『敬則無己可克，省多少事。』然此事甚大，亦甚難。須是造次顛沛必於是，不可須臾間斷，如此方有功，所謂『敏則有功』。……修身，齊家，治國，平天下，都少個敬不得」（《語類》卷十二）。故可謂朱子晚年之工夫論，歸結是涵養善、持守善。

四、從象山到陽明與船山

朱元晦和陸象山在心性論方面最大的共同點在於，他們都認為「人性皆善」；而最重要的不同點在於，元晦認同「心統性情」因而心非純善、性乃純善，是心性兩分說；但象山所說之心與性並無多少差別。象山的性善說直承孟子，「人性本善，其不善者遷於物也。知物之為害而能自反，則知善者乃吾心之固有。循吾固有而進德，則沛然無他適矣」（《象山全集》，卷三十四。同書以下只標明卷數）。而且，象山也指出孟子是以人性之善的部分為性：「孟子曰：言人之不善當如後患何？今人多失其旨。蓋孟子道性善，故言人無有不善。今若言人之不善，彼將為不善而向汝，汝將何以待之？故曰當如後患何」（卷三十四）。因此，象山當然要肯定人性皆善在儒家

思想中的根本意義，他說：「見到孟子道性善處，方是見得盡」（卷三十四）。孟子的工夫論，是以「明善集義」為日用常行之持守；象山亦如朱子，為學者指點出孟子「集義」的涵義道：「孟子所謂集義者，乃積善耳」（卷六〈與傅子淵〉）。積善之方，是緊緊圍繞一個「善」字：「或問：『先生之學當自何處入？』曰：『不過切己自反，改過遷善』」（卷三十四）。又說，「古之學者本非為人，遷善改過，莫不由己。善在所當遷，吾自遷之，非為人而遷也。過在所當改，吾自改之，非為人而改也。故其聞過則喜，知過不諱，改過不憚」（同上，卷六〈與傅全美〉）。又說，「學固不欲速，欲速固學者之大患。然改過遷善，亦不可遲回。向來與諸公講切處，正是為學之門，進德之地」（卷四〈與劉淳叟〉）。象山說學者「先立其大」，立的正是無有不善的本心（卷十一〈與王順伯〉），而其「義利之辨」，要體現在改過遷善，善則由義，惡則由利。所以他會說，「人共生乎天地之間，無非同氣，扶其善而沮其惡，義所當然」（卷三十四）。因此可以說，象山「辨義利」的工夫，就是堅持本然之善。

　　朱陸兩家，對於好善惡惡的認知，並無不同；或者更準確地說，他們在於善之必好、惡之必惡這一點上，並無不同。他們僅僅對於人類辨別善惡的能力的認知有根本性的不同。朱元晦因認支配人的是心，而心不能純善，所以追索恢復到性的本善，要依賴於聖賢經典的助力。但是陸象山的看法簡單得多，他說本心，就是說性，說心，就是說「天所以予我者」：「思則得之，得此也；先立乎其大者，立此者也；積善者，積此者

也；集義者，集此者也；知德者知此者也。同此之謂同德，異此之謂異端」（卷一〈與邵叔宜書〉）。此大端一立，「棄去舊習，復其本心，使此一陽（復卦初爻之一陽）為主於內，造次必於是，顛沛必於是，無終食之間而違於是。此乃所謂有事焉，乃所謂勿忘，乃所謂敬。果能不替不息，乃是積善，乃是積義，乃是善養我浩然之氣」（卷一〈與曾宅之書〉）。如此說來，要呈現此善、堅持此善，唯在我之一心，無事旁求。象山此說，後儒只有陽明最為相近。但陽明看到了象山學說的問題：難道在集義、積善的努力之前，就已經「一陽為主於內」了嗎？如果是，「復其本心」就可以不需要「必有事焉」了；這似乎是不對的。如果不是，「先立其大」就需要有更明確的工夫路徑。陽明體悟出這條路徑，並且為學者指點出這一層工夫，他說：「然至善者，心之本體也，心之本體那有不善？如今要正心，本體上何處用得功？必就心之發動處纔可著力也。心之發動不能無不善，故須就此處著力，便是在誠意」（《傳習錄》【317】。以下同書只標明章序數）。其實，象山說義利之辨，也是要在意念初起時加以辨別；但經陽明這麼一說，才把著力處、用功處言明了、指實了，那就是在心的發動處、在意念起處，加以「誠」的工夫。象山的義利之辨，就當在這裡辨。

　　陽明說：「工夫到誠意，始有著落處」，可見「誠意」是陽明工夫論中的切實落點。但是，這個「誠」，不具備存善去惡的揀擇判斷功能，而「誠意」二字則必須有存善去惡的功用。於是，存善去惡的任務，就落在了「意」上了。陽明說：

「一念發在好善上，便實實落落去好善，一念發在惡惡上，便實實落落去惡惡，意之所發，既無不誠，則其本體如何有不正的？故欲正其心在誠意」。「好善」與「惡惡」，皆是一念。我們通常會認為，「善」與「惡」，才是一念，所謂一念之善、一念之惡。但是陽明在這裡，好與善、惡與惡，已經成為了固定的組合，所好必善、所惡必惡，這樣才可能「一念發在好善上」、「一念發在惡惡上」。好善，當然是善的；惡惡，也當然是善的。所以陽明說的誠意之「意」，已經過了對善惡的揀擇，好善也罷、惡惡也罷，一念之發，皆已是善。而「誠」，是決定意念發動時維持好善惡惡的固定組合，不受其他因素的干擾，所謂「實實落落」。「意」又何以能作這樣的揀擇呢？陽明說，「誠意之本，又在於致知也」（以上皆見【317】），因為是經過了良知本體的體認工夫的[11]。陽明

---

[11] 陽明說一念而好善，但也常說一念而善、一念而惡；他的核心意思，是意念發之前，須有「知至至之」的致良知工夫，然後「明善惡之分」。此不應有誤解。如《大學問》謂：「故欲修其身者，必在於先正其心也。然心之本體則性也，性無不善，則心之本體本無不正也。何從而用其正之之功乎？蓋心之本體本無不正，自其意念發動，而後有不正。故欲正其心者，必就其意念之所發而正之，凡其一念而善也，好之真如好好色，發一念而惡也，惡之真如惡惡臭，則意無不誠，而心可正矣。然意之所發，有善有惡，不有以明其善惡之分，亦將真妄錯雜，雖欲誠之，不可得而誠矣。故欲誠其意者，必在於致知焉。致者，至也，如云喪致乎哀之致。易言『知至至之』，『知至』者，知也，『至之』者，致也。『致知』云者，非若後儒所謂充擴其知識之謂也，致吾心之良知焉耳。良知者，孟子所謂『是非之心，人皆有之』者也。是非之心，不

說：「善即良知，言良知則使人尤為易曉」[12]。致良知的工夫，是將本然之善性，與「事」相關聯，使自己的好與惡，呼應於善性。經過努力不斷的體悟與實踐，形成了、累積了似乎無形的好善惡惡的固定組合。這有些近似於抗體與抗原的組合。從整體工夫過程來考察，「誠意」是處在樞紐位置，而「致良知」反而是基點，良知的本體意義也同樣是善的本體意義。陽明工夫，緊緊圍繞著善，又可以說以「存善」、也即《中庸》之「擇善固執」，貫穿始終。他說：「善念存時，即是天理。此念即善，更思何善？此念非惡，更去何惡？此念如樹之根芽，立志者，長立此善念而已。從心所欲不踰矩，只是志到熟處」（【53】）。存善即是去惡，到了孔子說的「七十而從心所欲不逾矩」，也只是善到了熟處。

　　圍繞著「善」做工夫的，在《中庸》之「明善」「擇善」，《孟子》之「樂善」，象山的「積善」，陽明的「存善」之後，當數王船山的「習善」。

　　船山對於性與善的認識與相互關係的看法，實有創見。船山說：「命曰降，性曰受。性者，生之理，未死以前皆生也，皆降命受性之日也。初生而受性之量，日生而受性之真」（《思問錄》）。船山似認為性是變化的，只要人的生命在延

續，「降命受性」的過程便未曾完結；但是，這「日生」的過程，只是填實其質而得性之真，而總量卻是與生俱來的、一定的。性當然是善的，不過船山認為善性固然是天所賦予，卻需要人去努力充實，所以他說：「天不引地之升氣而與同神化，則否矣。仁智者，貌、言、視、聽，思之和也。思不竭貌、言、視、聽之材而發生其仁智，則殆矣。故曰『天地不交，否』，『思而不學則殆』」（同上）。船山意中，仁智之性的發生，如天之必得與地相交，需經由「思竭貌、言、視、聽」乃健全；即是說，綜合貌、言、視、聽而成思，然後有仁智發生。若未經過身心的努力獲取，仁智便未與人生掛鈎，是天道非人道。天地交，乃為合於天道之人道。可見，船山認為性之善並不是那麼現成的，是要做工夫以得之，但是工夫卻不是直接在做在性上，而是做在「心」上。

在較《思問錄》成書早的《讀四書大全說》〈大學卷〉（以下引同書謹標明章節。小號字為原注）中，船山謂：「性自不可拘蔽。盡人拘蔽他，終奈他不何，有時還迸露出來。如乍見孺子入井等。即不迸露，其理不失。既不可拘蔽，則亦不可加以明之之功。心便扣定在一人身上，受拘之故。又會敷施翕受，受蔽之故。所以氣稟得以拘之，物欲得以蔽之，而格、致、誠、正亦可施功以復其明矣」（聖經·九）。船山於「心」字，又有一辨，受拘受蔽之心，與「明德」、「盡心」之心不同。朱注《大學》「明德」：明德者，人之所得乎天，而虛靈不昧，以具眾理而應萬事者也。朱注《孟子》盡心：心者，人之神明，所以具眾理而應萬事者也。故「明德」即心

也。船山謂：「此所謂心，包含極大，托體最先，與『正心』心字固別」。又謂：「此處說心，則五臟五官，四肢百骸，一切『虛靈不昧』底都在裡面。如手能持等。『虛』者，本未有私欲之謂也。不可云如虛空。『靈』者，曲折洞達而咸善也。」。虛靈不昧者性，應萬事者情；故朱子以心言之，船山謂包含極大是也。但「正心」之心不同，是有所不正的心（案，注意：陽明說是無不正的），有不正，才能用功：「夫曰正其心，則正其所不正也，有不正者而正始為功。」（以上聖經・九）又說，「『心不在』者，孟子所謂『放其心』也。『放其心』者，豈放其虛明之心乎？放其仁義之心也。」（傳七章・一）

正「其所不正」之心，是船山主張的「正心」工夫。上文說到，象山與陽明，都是主張在意念發動時辨之以義利、加以存善去惡的揀別。陽明的「誠意」工夫，認為「意」不僅是善惡，而且是好善惡惡，主張「一念發在好善上，便實實落落去好善」。船山不滿於陽明末流之弊，認為工夫不應在「意」上，而應該在「心」上，因為「意」是旋生旋滅不好用功的：「抑或以以視、以聽、以言、以動者為心，則業發此心而與物相為感通矣，是意也，誠之所有事，而非正之能為功者也。蓋以其生之於心者傳之於外，旋生旋見，不留俄頃，即欲正之，而施功亦不徹也」。又說，「夫唯有其心，則所為視、所為聽、所欲言、所自動者，胥此以為之主。惟然，則可使正，可使不正，可使浮寄於正不正之閑而聽命於意焉。不於此早授之以正，則雖善其意，而亦如雷龍之火，無恒而易為起滅，故必欲正其心者，乃能於意求誠」（以上聖經・九）。但是，不斷

地加以善惡揀擇的「意」，與可以對視聽言動「授之以正」之心，從工夫對象與實踐效果來看，若見得蕺山與梨洲的「意為心體」、「意為心之所存」這一點來說，似乎並無大的差別。但船山不解此，更由其路脈，進一步探索正心工夫。

船山圍繞「正心」做工夫，略可歸納為幾個要點：

其一是據善性為志：「性之所生，與五官百骸並生而為君主，常在人胸臆之中，而有為者則據之以為志。故欲知此所正之心，則孟子所謂志者近之矣」（聖經‧九）。有志之心才說得上是「所正之心」，據善性以為志，即是志於善、志在善。

其二是持志：「夫此心之原，固統乎性而為性之所凝，乃此心所取正之則；而此心既立，則一觸即知，效用無窮，百為千意而不迷其所持」；「惟夫志，則有所感而意發，其志固在；無所感而意不發，其志亦未嘗不在，而隱然有一欲為可為之體，於不睹不聞之中」（聖經‧九）。「正其心於仁義，而持之恒在，豈但如一鏡之明哉！」（傳七章‧一）。「正心」，其取正之則在能呈現「心之原」的「性」，也就是取則於「善」；此欲為有為之志恆在於不睹不聞之中，是謂「正其心於仁義」。

其三、正心以知善知惡：「中庸所謂『無惡於志』。當其意之未發，則不必有不誠之好惡用吾慎焉，亦不必有可好可惡之現前驗吾從焉；而恒存恒持，使好善惡惡之理，隱然立不可犯之壁壘，帥吾氣以待物之方來，則不睹不聞之中，而修齊治平之理皆具足矣」。正我之心，言志言仁義，其實所存所持，就是在不睹不聞之中、人所不知之地，立一個好善惡惡之理、

知善知惡：「唯欲正其心，而後人所不及知之地，己固有以知善而知惡」（《讀四書大全說》中庸卷，第一章，一二）。[13]

其四、求心之本體的恒善：「此則身意之交、心之本體也；此則修誠之際，正之實功也」（聖經·九）；「蓋心之正者，志之持也，是以知其恒存乎中，善而非惡也。心之所存，善而非惡」（傳六章·五）；所謂「恒存乎中」，又可參下引的一句話：「靜而不睹若睹其善，不聞若聞其善；動而審其善之或流，則恒善矣」（《思問錄》）。[14]

船山正心工夫，可以總結為如下數言：著眼於身意之交、

---

[13] 因為船山之所謂性之善是要做工夫的，所以船山常將性之善與「無惡」並言：「言性之善，言其無惡也。既無有惡，則粹然一善而已矣」。又說，「故必志於仁，而後無惡；誠無惡也，皆善也」。又說，「苟志於仁矣，無惡也。物之感，己之欲，各歸其所，則皆見其順而不逾矩，美惡之有？灼然見其無惡，則推之好勇、好貨、好色而皆可善，無有所謂惡」（皆引自《思問錄》）。另一方面，他反對「無善無惡」，無善當然無惡，無惡則善亦不存，將使得心無所取則：「從善而視之，見性之無惡，則充實而不雜者顯矣。從無惡而視之，則將見性之無善，而充實之體墮矣」（《讀四書大全說》中庸第一章，一二）。所以他說：「靜而不見有善，動而不審善，流於惡之微芒，舉而委之無善無惡，善惡皆外而外無所與，介然返靜而遽信為不染，身心為二而判然無主；末流之蕩為無忌憚之小人而不辭，悲夫！」（思問錄）

[14] 明儒多有以善為本體。如顧涇陽謂：「語本體，只是性善二字」（《明儒學案》卷五十八）。高攀龍謂：「善者性也」、「人心湛然無一物時，乃是仁義禮智也。為善者，乃是仁義禮智之事也」（同上《學案》引《為善說》）。劉宗周謂：「言本體吃緊得個善字」（《明儒學案》卷六十二引《大學雜繹》）。皆其例。

心之本體，取正於善以為志，於不睹不聞、人所不知之地，恒存此善，以待物之方來。

船山認為這就是《中庸》之所謂「存養」，就其功效與境界言，是「心習於善」：

> 唯嘗從事於存養者，則心已習於善，而一念之發為善，則善中之條理以動天下而有餘者，人不知而己知之矣。心習於善，而惡非其所素有，則惡之叛善而去，其相差之遠，吉凶得失之相為懸絕者，其所自生與其所必至，人不知而己知之矣。（《讀四書大全說》〈中庸卷〉，第一章，一二）

此一「習」字，當如《孟子・盡心上》之「習矣不察」，是若不知其所以然而動靜皆善。[15] 工夫至心習於善，至為平實，亦至為深厚。

15　朱子謂：「『習矣不察』，人多錯看此一語。人固有事親孝，事兄弟，交朋友亦有信，而終不識其所以然者，『習矣，而不察也』。此『察』字，非『察物』之『察』，乃識其所以然也。習是用功夫處，察是知識處。今人多於『察』字用功，反輕了『習』字。才欲作一事，卻又分一心去察一心，胸中擾擾，轉覺多事。如張子韶說論語，謂『察其事親從兄之心，靄然如春，則為仁；肅然似秋，則為義』。只要自察其心，反不知其事親、從兄為如何也。故夫子教人，只說習。如『克己復禮』，是說習也；視聽言動，亦是習；『請事斯語』，亦是習。孟子恐人不識，方說出『察』字，而『察』字最輕，『習』字最重也。」（《朱子語類》卷十二）

陽明之「誠意」，與船山之「正心」，說來亦若有不同。
船山存養此善，以致心習於善，是把工夫集中在「善」字上，
這是船山的「受性之真」，是經努力而呈現的性之善；此善確
立而存養之，不僅善性實其量而得其真，至於一念之發而莫不
善。陽明的工夫是確認「良知」乃我所固有（案，此與象山
「先立其大」正相同），所謂「無善無惡」，即「不作善惡」
之前，此性之良知之善本已確立，當意之發，自能揀別，知善
知惡、存善去惡，此所謂致良知。陽明在「致」上大段用力
說，船山在「養」上大段用力說。但如果我們追究到「善」與
「良知」從哪裡得來的，則虛靈不昧、不聞不睹之天理皆「常
在人胸臆之中」；故此兩家立腳處並無不同。「長立此善念」
的「志到熟處」與「心習於善」，此兩家之終極境界亦無不
同。若從這一角度觀察，船山工夫與陽明工夫在實體上無根本
區別，兩人之工夫論為殊途同歸。

五、結語：工夫道境

以善為工夫之對象、效應、境界，可上溯到陸象山之「積
善」、「改過遷善」，朱元晦之「積善」、「實其善」，再而
遠溯至《中庸》之「明善」、「擇善」與《孟子》之「為
善」、「樂善」。體認善，持守善，習於善，為復我之性。性
中之善固持於心，不善不得入，心中乃一片純善，可見心的本
體之善。而船山之工夫論，由持志存善到心習於善，固已明白
以善為不可離之工夫對象。陽明工夫寓善於無善無惡之中，因

為無善無惡不能施功，於無中生善、明善而持守之，其亦以善為工夫之對象。故我們說儒家工夫，便應直指心性本體之善，由善端之發，於不睹不聞中存養擴充，善存惡去無間於動靜，以致心習於善，這才是有志。心習善、意見善、行以善、積善，這是工夫效應所呈現的一路風光。從存善到心習於善，由始至終，亦莫非在說心性境界。

無以名之，姑且稱之為「道境」。

儒釋之別，在此亦當略提一提：以善為工夫本體與工夫實體，亦可以顯見儒釋之判。儒家「無中生有」（陽明語），而重在有；佛家認一切有「總在空中」（惠能語），而重在空。儒家之有，是有個「善」；佛家之空，是沒有個「善」。儒家以一「善」區別人類與禽獸；佛家說「眾生」，人類與禽獸無別。以善為道境，儒家在我心天理之性上立足，工夫圍繞在心上做；佛家以軀體之功能為性（目能視、口能言、足能行之類），工夫圍繞肉身做。儒家只要體認聖賢之心、當世做個好人、對此生負責，薪火相傳乃世世育好人；佛家乃求不墜因果，為前世、為後世努力。於此可見，善之道境，真儒家之「正法眼藏」。認得善字清楚，儒家之大統存焉。

蕺山謂：「蓋人心亦有兆焉，方一念未起之先，而時操之以戒懼，即與之一立。立定，不至有歧路相疑之地，則此心有善而無惡。」（《明儒學案》卷六十二）

《中庸》末章：「上天之載，無聲無臭」，至矣！真善境也！

乙　組

《中庸》首章之工夫論與性善說

1、「天命之謂性」

　　天賦予人之性，即人所固有之性。不可認天命出之於惡，所謂上天有好生之德，故天命之性善。「之謂」，是「才叫做」的意思：天所命於人者才叫做人之性；非天所獨命於人之性，不是性。

　　五官四體的慾望是很強烈的，天命之性常被軀體的欲望所遮蔽。一般人的天性流露所表現出來的善，有的事情上多一點，有的事情上少一點，但不可因此歸咎於天所獨命於人之性。

2、「率性之謂道」

　　天之命，人所性，不由天而來的性不是人之性。人的天性表現出來，這就是「率性」。依著人的本有之性行事，定然合於天道。但我們的善性為欲望所蔽，常常表現不出本性的善，這樣的情況下說要「率性」，所率的不是天命人之性，而是與

禽獸相比類的動物性，就不在天人合一的道上了。孔子說：
「七十而從心所欲不逾矩」，連聖人都要修行到七十歲，這個
「欲」所從之心，定是天命之性所體現，才能處處「不逾
矩」，那才稱得上「率性之謂道」。所以，儒家工夫的理論與
核心價值經《中庸》在此揭示出來。做工夫的方法千頭萬緒，
若是在理上失落了，便走向四面八方，不在道上了。故我們知
道，儒家工夫實踐的方向，是實現本性的呈露的方向。

　　人「性」之所以可循之以為天「道」──天人合一之道，
當然要定性為善的。若是循「惡」以為「道」，世界不成世
界，社會不成社會，人亦沒有人之底氣。孔子說：「性相
近」，善才能形成美好的世界，才能使人人相親、免於社會的
分崩離析。所以，率性之道必須是善道，「守死善道」，守死
善，也即守死道。

3、「修道之謂教」

　　道善，修道即修善。教以學善，即教以修道。修道，是由
所率非性進步到率性的唯一路徑。

4、「道也者不可須臾離也，可離，非道也」

　　善道既然源自於人性之善、我心之善，顯發或者未顯
發，皆當處於「在」的狀態。說「不可須臾離」此善道，其實
又是「不能須臾離」。不能，是說本性如此常在；不可，是說
修道要如此去做，有個修道的自覺。離此道，即是離此善，即
非道。所以說修道的萬能鑰匙，就在不離道，不離善，存善守
善；這是「持志」。

　　這裡也是先作個提示：所率非性即非道。修道，入手的辦

法是要警惕離開善、離開道的「須臾」。「須臾」只在一念間，常處於對初發意念的自我審視，道也。

5、「是故，君子戒慎乎其所不睹，恐懼乎其所不聞」

人除了睡著，感官會有所睹、有所聞。《中庸》卻教人尋找沒睡著而「不睹」、「不聞」的狀態。是故，即是說，善性常具我身，而睹與聞皆可能一時為外物所牽，所以見道的方法就在「不睹不聞」中；對於不睹不聞的處理方法，是「戒慎恐懼」。戒慎恐懼是收束身心的狀態，收束身心是要心不在耳目上，無心聽聞的效果就會「聽而不聞，視而不睹」。心心念念放在「戒慎恐懼」上，是中庸工夫基本方法的第一步。孟子說「學問之道無他，收其放心而已」，戒慎恐懼就是收其放心的方法。

6、「莫見乎隱，莫顯乎微，故君子慎其獨也」

戒慎恐懼將心與耳目隔離了，心中澄明，善境美好；當意念飄過，雖然隱微，但是善是不善，心中卻是很明白的；別輕輕放過，必歸於善、必歸於道，「慎獨」。朱元晦的注：「獨者，人所不知而己所獨知之地也。言幽暗之中，細微之事，跡雖未形而幾則已動，人雖不知而己獨知之，則是天下之事無有著見明顯而過於此者。是以君子既常戒懼，而於此尤加謹焉，所以遏人欲於將萌，而不使其滋長於隱微之中，以至離道之遠也」。換句話說，這裡是要動念頭，要有事，一挨著事情，人欲就出來了。這時候剔除人欲，依從本心天理，就是慎獨。越長的時間浸潤於這樣的境界，此心越經常處於善，則復性日近。

7、「喜怒哀樂之未發，謂之中；發而皆中節，謂之和。中也者，天下之大本也；和也者，天下之達道也」。

「謂之」是「稱為」的意思。這一節是對於這麼做的理論闡述，以及對狀態的描述。人心中並不是總被喜怒哀樂佔據著，內心無喜怒哀樂情緒的時候不能稱為「未發」。所以，喜怒哀樂，是心裡已經形成了但沒有表現出來的「未發」，也可以是表現出來見於形色的「已發」。「未發」的喜怒哀樂經過了前面的調整，在善、在道，故可以稱為「中」。這樣的喜怒哀樂表露於外、見於形色，當然是「和」的。《中庸》拈出喜怒哀樂的情緒，將工夫歸結到未發之中、已發之和，是經典性的表述。聯繫上文，中與和，是「率性」的體現，但是《中庸》還沒有更多闡述「性」，也沒有將情與性掛鉤；要到了孟子，才把「情」上推到了仁義禮智之性。不過，相對應的不是喜怒哀樂，而是惻隱、羞惡、恭敬、是非，稱為「四端」。孟子這樣的組合也是很精當的，就工夫論來說，心、性、情的關聯，上了一個台階。這是孟子的偉大貢獻。

《中庸》明確把「善」與「修道」、「教」聯繫在一起的文字，均在第二十章以後[1]。「誠身有道：不明乎善，不誠乎身矣。誠者，天之道也；誠之者，人之道也。誠者不勉而中，

---

[1] 《中庸》第二十章前半，論工夫不及善與誠，謂「修身以道，修道以仁」、「知斯三者（案：知、仁、勇三者），則知所以修身；知所以修身，則知所以治人；知所以治人，則知所以治天下國家矣」，乃以智仁勇為工夫指向，更落實到「好學、力行、知恥」。與首章的呼應似大不如此章之後半。

不思而得，從容中道，聖人也。誠之者，擇善固執之者也。」
（第二十章）：

　　性是看不見的，孟子才開始揭示「四端」來認識性。《中庸》則說誠，以誠為性的驅動程式，學者可以日常以誠見性。故說，誠是工夫方法，也是工夫成效。既然要來修身、誠身，便要崇尚和堅持仁義禮，仁義禮皆善而不如善來得親切易知，故先明善，才能「擇善固執」。第二十一章也說：「自誠明，謂之性；自明誠，謂之教。誠則明矣，明則誠矣」。朱元晦注：先明乎善，而後能實其善者，賢人之學。由教而入者也，人道也。

　　所以教之者，亦「擇善固執」而已矣！第八章載：「子曰：回之為人也，擇乎中庸，得一善，則拳拳服膺而弗失之矣。」孔子讚賞顏回，既讚賞他有「擇乎中庸」的智慧，更讚賞他有「擇善固執」的精神。

　　最後一章的結語又說：「上天之載，無聲無臭」，這與「中也者，天下之大本也」相呼應，是從第一章的人道，歸結到了第三十三章的天道。無聲無臭，正見得未發之中，天之所載，天下之大本也。天人合一，至矣！

《中庸》之「仁」與「誠」

按照徐復觀先生的分法，朱熹《中庸章句》上篇終於第二十章的「朝聘以時，厚往而薄來，所以懷諸侯也」。《中庸》下篇則開始於第二十章的「果能此道矣，雖愚必明，雖柔必強」。於是《中庸章句》之第二十章分應為兩部分：

第一部分：哀公問政。子曰：「文武之政，布在方策。其人存，則其政舉；其人亡，則其政息。人道敏政，地道敏樹。夫政也者，蒲盧也。故為政在人，取人以身，修身以道，修道以仁。仁者人也。親親為大；義者宜也。尊賢為大。親親之殺，尊賢之等，禮所生也。在下位不獲乎上，民不可得而治矣！故君子不可以不修身；思修身，不可以不事親；思事親，不可以不知人，思知人，不可以不知天。天下之達道五，所以行之者三。曰：君臣也，父子也，夫婦也，昆弟也，朋友之交也，五者天下之達道也。知，仁，勇，三者天下之達德也，所以行之者一也。或生而知之，或學而知之，或困而知之，及其知之，一也。或安而行之，或利而行之，或勉強而行之，及其成功，一也。」子曰：「好學近乎知，力行近乎仁，知恥近乎勇。知斯三者，則知所以修身；知所以修身，則知所以治人；知所以治人，則知所以治天下國家矣。凡為天下國家有九經，

曰：修身也。尊賢也，親親也，敬大臣也，體群臣也。子庶民也，來百工也，柔遠人也，懷諸侯也。修身則道立，尊賢則不惑，親親則諸父昆弟不怨，敬大臣則不眩，體群臣則士之報禮重，子庶民則百姓勸，來百工則財用足，柔遠人則四方歸之，懷諸侯則天下畏之。齊明盛服，非禮不動，所以修身也；去讒遠色，賤貨而貴德，所以勸賢也；尊其位，重其祿，同其好惡，所以勸親親也；官盛任使，所以勸大臣也；忠信重祿，所以勸士也；時使薄斂，所以勸百姓也；日省月試，既廩稱事，所以勸百工也；送往迎來，嘉善而矜不能，所以柔遠人也；繼絕世，舉廢國，治亂持危。朝聘以時，厚往而薄來，所以懷諸侯也」。

　　第二部分：「凡為天下國家有九經，所以行之者一也。凡事豫則立，不豫則廢。言前定則不跲，事前定則不困，行前定則不疚，道前定則不窮。在下位不獲乎上，民不可得而治矣。獲乎上有道，不信乎朋友，不獲乎上矣；信乎朋友有道，不順乎親，不信乎朋友矣；順乎親有道，反諸身不誠，不順乎親矣；誠身有道，不明乎善，不誠乎身矣。誠者，天之道也；誠之者，人之道也。誠者不勉而中，不思而得，從容中道，聖人也。誠之者，擇善而固執之者也。博學之，審問之，慎思之，明辨之，篤行之。有弗學，學之弗能，弗措也；有弗問，問之弗知，弗措也；有弗思，思之弗得，弗措也；有弗辨，辨之弗明，弗措也；有弗行，行之弗篤，弗措也。人一能之己百之，人十能之己千之。果能此道矣，雖愚必明，雖柔必強」。

　　第一部分的綱是「修身以道，修道以仁」，修身之要在

「好學、力行、知恥」。第二部分的綱是「誠身有道」，誠身之要在「擇善固執」。第一部分的中心字是「仁」，第二部分的中心字是「誠」。《中庸》下篇的作者將「誠身」對接上篇的「修身」；將上篇言人之道的「仁者人也」，擴展到並言天人之道的「誠」。按含第二十章計，下篇十四章中，論誠占八章，故朱子注：「所謂誠者，實此篇之樞紐也」。以一「誠」為中心，《中庸》下篇勾勒出與上篇不同的工夫論系統：

「仁」乃性之構成，「誠」乃涵括「仁」與「知」的性之呈現。所以說「不誠無物」（第二十五章），不誠則性不呈現，仁與知也無從呈現，所以無物。所以說「誠則形」（第二十三章），性之仁知、仁知之性都呈現了。仁內在不可見，必須要通過與外物的接觸來表現，但是只有出於「誠」才能表現出「仁」。故第二十五章謂：「誠者非自成己而已也，所以成物也。成己，仁也；成物，知也。性之德也，合外內之道也」。儒家的「己欲立而立人，己欲達而達人」，是呈現仁、檢驗仁的要求。性無體，以仁、善為體；仁善無體，以意、事為體。誠則縮合性仁善意事。

誠者天之道，「自誠明，謂之性」（第二十一章），那樣的純粹自然洋溢著仁知之性，不待教而天成，不是普通人：「誠者不勉而中，不思而得，從容中道，聖人也」（第二十章）。這裡，「誠」作形容詞，形成專有名詞「誠者」。「誠」又作動詞用，形成動賓結構冠於名詞前：「誠之者」；由此把修習者致力之要強調出來：「誠之者，人之道也。……誠之者，擇善而固執之者也」（第二十章）。擇什麼？固執什

麼？都由「善」來概括。緊接下來的「博學，審問，慎思，明辨，篤行」，五個誠之之「目」，皆是應當固執之善。所以誠的自身是實踐性很強的，而仁的性質就不能具備這樣的實踐性。誠的工夫意味重於仁，仁的本體意味重於誠。

「誠者自成也，而道自道也」（第二十章），無論是「誠者」，還是「誠之者」，工夫境界最終達於「至誠」。對於「誠之者」，根據自己的資質、條件，所謂的「一曲之偏」，用功不輟以達到「明善」、「自明而誠」，這就是第二十三章說的「其次致曲，曲能有誠」。朱元晦注謂：「其次則必自其善端發見之偏，而悉推致之，以各造其極也」，是很到位的。

第二十六章說「至誠無息」，第三十三章歸結到「『上天之載，無聲無臭』，至矣！」人之內在工夫境界不可見，所形之於外者，不在事功：「君子之道：淡而不厭，簡而文，溫而理，知遠之近，知風之自，知微之顯，可與入德矣」；「予懷明德，不大聲以色」。不言仁而呈現勁道十足的柔美之仁。

《中庸》之「誠」，至矣！

安心法

《大學》：「知止而後有定，定而後能靜，靜而後能安，安而後能慮，慮而後能得。」

〈傳〉第三章引《詩》云：「緡蠻黃鳥，止于丘隅」。鳥兒當飛則飛，當止則止。修習者也要能止，停下來給自己的心一點休息鍛煉的時間。一止，「定」就「有」了，和下面的「能」自不同，自然就有了。之後來享受這份「靜」。靜得有功，「安」於此靜。什麼安？心安。心在哪裡？

《孟子·告子上》：「人有雞犬放，則知求之；有放心而不知求。學問之道無他，求其放心而已矣」。人「止」在這裡，心跑掉了，在身體以外，去找回來，就叫「求放心」。

怎麼求？其實這個問題是：心要安在哪裡？明道先生曰：「心要在腔子裡」（《二程遺書》卷七）。腔子，朱元晦說：「『腔子』乃洛中土語」，就是身體的框架，朱元晦說是「郎郭」。把心收回來，安在自己身子裡，安在一處，也安在處處。

禪家不同。《五燈會元》卷一：可（慧可）曰：「我心未寧，乞師與安。」祖（達摩）曰：「將心來，與汝安。」可良久曰：「覓心了不可得。」祖曰：「我與汝安心竟。」（中華

書局，1984 年版，頁 44）佛家把心安在「了不可得」、找不到的地方，安在虛無處，以求無心而安心。

儒佛兩家，「安」以後分途。禪家所謂「得生活本然、得自然本然」（鈴木大拙語）者，是自然界的狀態，無善無惡。儒家認人類之性為善，故以善別於禽獸，以善和於他人，以善凝聚鄉邦社會，故有善惡之辨。「心之官則思」，思則得此善。思需要「知」，佛家「無知」，亦所以「無知亦無得」。儒家有思，慮而後能得。但很多學者大約是受到佛家工夫的影響，誤以為儒家工夫是無思的。這一點不可不辨明，姑舉例如下：

人問伊川：「敬還用意否？」伊川答：「其始安得不用意？不用意，卻是都無事了。」（《二程遺書》卷十八）

「其始」要用意，其始便安心地思。雖然難免有胡思亂想，不要緊，時時回到「腔子」中來。心安之後當求思，而非「被思」（思緒不可控制地被雜念牽走）；是學習主導「意」。

慮與得，都在安之後。收回放心，意只在自己的身上，待到真的安了，試看是什麼氣象？

不可誤解為靜中無思，以下再引數條為讀者助力：

1、「始學工夫，須是靜坐。靜坐則本原定，雖不免逐物，及收歸來，也有箇安頓處」（《朱子語類》卷十二）

2、「靜中動，起念時。動中靜，是物各付物。」（同上，卷十二）

3、「靜坐久時，昏困不能思；起去，又鬧了，不暇

思。」（同上，卷十二）

4、「如人靜坐，忽然一念之發，只這個便是道理，便有個是與非，邪與正。其發之正者，理也；雜而不正者，邪也。在在處處無非發見處，只要常存得，常養得耳」（同上，卷一百二十六）

由 1，要「靜」而靜不下來，「逐物」，就收歸來，重新安頓在腔子裡。由 2，起念時，是靜中之動。由 3 可見，「思」常伴隨著靜坐，以至於為昏困不能思而苦惱；到得起身不坐了，卻才連「思」的時間都沒了。由 4 可見修習靜、安、慮的真實境況。

儒家的「知」與佛家的「識」

　　佛家說「六識」：眼識、耳識、鼻識、舌識、身識、意
識。《壇經》謂：「但淨本心，使六識出六門於六塵中，無染
無雜，來去自由，通用無滯，即是般若三昧。」這是禪家的根
本工夫，「若識本心，即本解脫；若得解脫，即是般若三昧」
（《般若品》）。淨本心的工夫和結果，是使得「六識」能夠
將眼、耳、鼻、舌、身、意，這「六門」（或說「六根」），
拔脫出色、聲、香、味、觸、法，這「六塵」的羈絆。
「識」，似乎說的是能使五官四體（包括心）具備其功能的靈
覺。使眼睛具備視力便見色，使鼻子具備嗅覺便聞香，這就是
「使具備」相應能力的眼識、鼻識等。此等「識」沒有通常的
物質形態，故說是靈覺，或說是靈明。一般地說，要隔離色聲
香等，隻眼耳鼻等躲著走、不去接觸便是；但佛家主張由「六
識」來主導「六根」拔出「六塵」，要讓眼耳鼻舌身意，處於
色聲香味觸法中而無所知覺感觸，遮罩器官的功能，這就要講
究工夫修為了。既然由「識」來決定色聲，那就不需要在眼耳
上面著眼，而直接在「識」上著眼。沒有了「眼識」的眼睛、
沒有了「鼻識」的鼻子就都成了擺設，色與香由此逃脫，這就
是「使六識出六門於六塵中」。經由這工夫，解脫身體的束

縛，得到乾淨的心，如是認知一切事物之「無」。佛家於是把各器官、四體、功能之「識」看得很重。

　　心不在身體器官功能上的時候，對其功能是沒有感覺的。儒家很早就注意到了，《大學》是戰國末期的書，書上說：「心不在焉，視而不見，聽而不聞，食而不知其味」。但是儒家不糾結在這回事上，他們的重點不在身軀上，孟子說耳目口鼻之類的那叫「小體」，還有「大體」更重要：「體有貴賤，有小大。無以小害大，無以賤害貴。從其大體為大人，從其小體為小人」。「大體」是人的「心」，為什麼小小的一顆心可以稱為「大體」？因為它會「思」：「耳目之官不思，而蔽於物。物交物，則引之而已矣。心之官則思，思則得之，不思則不得也。此天之所與我者。先立乎其大者，則其小者弗能奪也。此為大人而已矣」。（《孟子·告子上》）人心要知道去「思」，思考什麼是「天之所給與我的」。天所給予人人的，是「仁義禮智之性」，是「良心」。人只要肯一反思，就會知道自己所以區別於禽獸的，僅僅在於一顆天所賦予之人心。認識到自己本來具有一顆乾乾淨淨的心，就可以依此去做個乾乾淨淨的人，擺脫身體的慾望對心的舒服，那才是真正的自由人。要知道去反思也不容易，孟子說好長的話，去啟發人的「知」；要人知道去思。孔子把「知仁勇」並列地說，還把「知」放前頭；《中庸》稱「智仁勇」為「三達德」，不是無意義的。沒有這一點「知」，沒有這一點起碼的「覺悟」，就啥也別說了，這個人「冥頑不靈」，沒有「靈性」了。

　　佛家之「識」與儒家之「知」，都是一點靈明，並無形象

方所。

佛家把「識」作細分，「眼識、耳識」等主導器官與身體活動的前五識，也可以統觀為身識，唯第六種，意識，調整心的活動，所以似乎只要身識意識便足。細加區別的意義似乎在於好做工夫。臺北法鼓山的聖嚴法師說道：「向內用功的第一步，是用眼、耳、鼻、舌、身、意的六識，而不用六根。如果能夠只用第六識，就不會受環境的影響」（《禪鑰》法鼓文化事業股份有限公司，2013 年二版，頁 86）。除了意識之外的五種識，與動物沒有根本不同；所以似乎靠不住。由意識控制其餘五識，是禪家修行的入手處，至少是法鼓宗提倡的入手工夫。「識」對世界是不作判別的，而且以無判別為究竟，識是不識。

儒家之「知」是自我認知與反省的能力。

進而，儒家之「知」有明確的道德上的限定性。孔子說：「非禮勿視，非禮勿聽，非禮勿言，非禮勿動」（《論語・顏淵》），這是說感官身體的「視聽言動」功能需要有「禮」的約束。孟子說：「人之所不學而能者，其良能也；所不慮而知者，其良知也」（《孟子・盡心上》），所以孟子的「知」限定於「良」。此「知」所以為良就在於：「孩提之童，無不知愛其親者；及其長也，無不知敬其兄也」（同上）。朱元晦也由「知」的限定性來說儒佛兩家的區別：「心只是該得這理。佛氏元不曾識得這理一節，便認知覺運動做性。如視聽言貌，聖人則視有視之理，聽有聽之理，言有言之理，動有動之理，思有思之理，如箕子所謂『明、聰、從、恭、睿』是也。佛氏

則只認那能視、能聽、能言、能思、能動底，便是性。視明也得，不明也得；聽聰也得，不聰也得；言從也得，不從也得；思睿也得，不睿也得，它都不管，橫來豎來，它都認做性。它最怕人說這『理』字，都要除掉了」（《朱子語類》卷一百二十六）。王陽明對此限定性說得最為乾淨俐落：「知是理之靈處。就其主宰處說便謂之心。就其稟賦處說便謂之性。孩提之童，無不知愛其親，無不知敬其兄。只是這個靈能不為私欲遮隔，充拓得盡，便完完是他本體」（《近思錄》第118條）。又說：「良知之外，更無知；致知之外，更無學。外良知以求知者，邪妄之知矣」（《王守仁全集》卷十一）。這樣說對不對呢？「知」並不是一物，去尋覓一個連空都沒有的「知」是尋覓不可得的；「知」必須在事物上體現出來。譬如我們說口舌知味的靈覺是一種「知」，不去嘗試，怎見得有此一「知」？又譬如掌握知識的靈覺是一種知，若是沒有去掌握知識，又怎能知道有此一「知」？但是，因為儒家的「知」是有道德限定性的、是反省的能力，是有別於禽獸的，是天之所與我而非與予一切眾生的，所以是脫離物慾的，必須是善的。由此來理解「知」與「良知」，則我們會同意陽明的說法。

　　佛家之「識」，不必是善的。儒家之「知」必須是善的。「善即良知，言良知則使人尤為易曉」（同上），以良認知，惟善為良。延伸一點來說，儒家之「知」，又必須是「斷」的，是說有個善惡是非的判斷。陽明特別提出了良知的道德判斷能力，「是非之心，不待慮而知，不待學而能，是故謂之良知；是乃天命之性，吾心之本體，自然良知明覺者也」（《大

學問》）。他將孟子「仁、義、禮、知」中的「知」視為「本體」，也將「惻隱、羞惡、恭敬、是非」四心中的「是非之心」視為「良知」。可見，出乎自心，認定善惡是非，是儒家工夫的本質方向。儒家工夫在「善」與「斷」這兩點上相輔相成：做工夫以呈現此「知」，即是呈現良知，即是呈現善；存善而是非明，存善即是去惡，好善便惡惡。再引陽明一言以歸結此意：「良知只是箇是非之心。是非只是箇好惡，只好惡就盡了是非，只是非就盡了萬事萬變。」（《近思錄》第 288 條）

儒佛兩家的「性」、「心」與「念」

　　儒家把性分剖得最精細的要數程朱一系，可以朱元晦所論為代表：「性也者，天之所以命乎人而具乎心者也。情也者，性之所以應乎物而出乎心者也。心者，人之所以主乎身而以統性情者也。故仁義禮智者，性也，而心之所以為體也；惻隱羞惡恭敬辭讓者，情也，而心之所以為用也。」（〈釋氏論〉載在《晦庵先生朱文公文別集》卷第七）。佛家到了禪宗六祖惠能和尚，暢論「明心見性」，蔚然成一系統。這對於先秦以來講究心性工夫的儒家，形成了很大的比照。到了宋代，儒家有了寬厚的講學條件以探究心性問題，於是不能不對佛家的心性論作一番批評。在理論上最突出的批評點，可以朱子的兩段話為代表：

　　（友仁）問：「聖門說『知性』，佛氏亦言『知性』，有以異乎？」先生（朱子）笑曰：「也問得好。據公所見如何？試說看。」曰：「據友仁所見及佛氏之說者，此一性，在心所發為意，在目為見，在耳為聞，在口為議論，在手能持，在足運奔，所謂『知性』者，知此而已。」（朱子）「曰：且據公所見而言。若如此見得，只是個無星之秤，無寸之尺。若在聖門，則在心所發為意，須是誠始得；在目雖見，須是明始得；

在耳雖聞，須是聽始得；在口談論及在手在足之類，須是動之以禮始得。『天生烝民，有物有則。』如公所見及佛氏之說，只有物無則了，所以與聖門有差。況孟子所說，知性者，乃是『物格』之謂。」（《朱子語類》卷一百二十六）

「佛氏元不曾識得這理一節，便認知覺運動做性。如視聽言動，聖人則視有視之理，聽由聽之理，言有言之理，動有動之禮，思有思之理，如箕子所謂『明、聰、從、恭』是也。佛氏則只認那能視、能聽、能言、能動底，便是性。視明也得，不明也得；聽聰也得，不聰也得；言從也得，不從也得；思睿也得，不睿也得，它都不管，橫來豎來，它都認做性。它最怕人說這『理』字，都要除掉了，此正告子『生之謂性』之說也。」（同上）

朱子批評將人的五官四體的功能指為性，譬如說，性表現在心的時候可發意，表現在目與耳的時候可見可聞，表現於手足可運動、身體有知覺，等等皆是。但以儒家的概念來說，五官四體乃至全身所表現的品質要重於其功能。如孔子說的「視思明，聽思聰」、「非禮勿視、聽、言、動」；如朱子說的「在口談論及在手在足之類，須是動之以禮始得」。不在於五官四體之用，而在於五官四體要按照一定的標準來用；儒家所強調者在此。

佛家說性，怕是有幾分含糊。他們說的「性」，與「本性」、「自性」不同；大約，性是會被邪見而起念的，本性自性卻可以起念而乾淨不受連累。《壇經》說：「真如有性，所以起念」，「於境上有念，念上便起邪見」；是有邪見的念。

《心經》說的「無眼耳鼻舌身意，無色身香味觸法」，這兩個六項，又叫「六根」與「六境」（「六境」也叫「六塵」）。性的起念，落在六境上，便起邪見。與「真如起念」不同的有「真如自性起念」：「真如自性起念，六根雖有見聞覺知，不染萬境，而真性常自在」（《壇經‧定慧品》），此念不染萬境。又說，「真如自性起念，非眼耳鼻舌能念」；這是不被五官連累的念，這種念的背後是真如自性（同上）。禪家已經知道，眼耳鼻舌等器官不會獨立地自我感知色聲香味。有性所以有念，為什麼這個性會在境上起念，而那個性卻不在境上起念呢？如果說「自性」起的念是不染萬境的，那麼平常人「染萬境」的邪見之念，又是什麼性所「起」的呢？人之性是一種還是有兩種？不起邪見的性是修行而獲得的嗎？那麼，天生的性則是不盡善的會起邪見的性了。如此等等。這些地方，似乎佛家尚未說得圓。看來，似乎惠能當時，性與自性兩概念理得尚未充分。這與程明道說的「才說性時便已不是性」一類話，背後的意思頗為近似。不過，這也沒有難住佛家的步伐。他們乾脆把修行的階段性目標定在「無念」，那麼自然對於「性」也不需要計較了。所以惠能自稱其法為「無念法」：「悟無念法者，萬法盡通，悟無念法者，見諸佛境界，悟無念法者，至佛地位」。（《壇經‧般若品》）。惠能又說：「性在身心存。性去身心壞。」（《壇經‧疑問品》）。性主導功能，性去了，動作沒有了，身心壞了。所以朱子說佛家「認知覺運動做性」，是有根據的。

　　真如有「性」、有「自性」，即包涵了「性」與「自性」

（也叫本性、真性）。「真如若無，眼耳色聲當時即壞」
（《定慧品》），眼耳屬於六根，聲色屬六境，沒有了性與自
性，則六根六境皆「壞」。因為沒有了性與自性，無從說眼耳
鼻舌身意之識（稱「六識」），色聲香味觸法不會被感知，則
眼耳鼻舌身意皆同廢棄無用。眼耳鼻舌身意是人的生理構成部
分，以不同的運動方式，具備覺知色聲香味觸法的功能。佛家
所論在於六根六境之「無」，無論終究能不能「見自本性，不
生不滅，念念自見，萬法無滯」（《壇經·行由品》），都還
在人類的動物性部分糾纏，所以打頭起就要六根清淨。儒家不
以功能為性，功能是禽獸都有的，其工夫正是要排除其對性的
影響干擾。六根清淨只相當孟子一句：「養心莫善於寡欲」
（盡心下）。佛家論性與儒家脫出於生理欲望的「仁義禮智」
之性，乃至「惻隱、羞惡、恭敬、是非」之心，境界懸隔不可
以道里計。其原因就在於儒家以天理歸於性。

　　禪家論性自惠能以下，系統性很強，明心見性之工夫套路
清晰有力；儒家若是就性說性，而沒有鮮明的概念區別，很難
不被框在佛家理論之內。程明道說：「吾學雖有所授受，天理
二字，卻是自家體貼出來」，這話可不能輕易看過了。禪家的
「性」與「自性」，從何所自來？雖可說自性即佛性，但也還
可以追問：佛性從何而來？現在儒家說「天理」，就點明了性
的來源，《中庸》「天命之謂性」：人之性乃天命所賦予之
理。即是朱子所謂「天之所以命乎人」者。儒家說性，即是說
的「天理」。性之「有」、之「善」、之一切規定性，皆源於
天、同於天理。這樣在理論上就很堅實，旗幟鮮明地區別於佛

家：「佛氏元不曾識得這理一節」。徐復觀先生說，熊十力先生嘗言：宋儒若是不辟佛，成就會更大。此話克就心性工夫的程式性而言是不錯的，但若是就儒家心性理論的完整性而言，則宋儒不辟佛斷無此成就。

宋儒正是辟佛才辟出了一個「天理」來。

儒家與佛家亦皆論心。孟子論性善，只從心善證入，他以「惻隱、羞惡、恭敬、是非」（也稱「四端」）之善心，來證明「仁義禮智」之善性的存在。論心，才可能觀察，而性是不可見的。上面引過朱子說的：「心者，人之所以主乎身而以統性情者也。故仁義禮智者，性也，而心之所以為體也；惻隱羞惡恭敬辭讓者，情也，而心之所以為用也」。朱元晦的這一段話裡，心包涵有「性」，也包涵有「情」，即有形氣之用，所以可以將性外現出來。不僅由心可以觀察性，儒家自孟子起便主張「養心」工夫，是要在「心」上做工夫，通過「養心」、「養」善端而重現性、重現天理。孟子說「擴充四端」，即是要從可見的情入手做工夫。佛家論心，則與儒家無大差別，其要點在：一、心有大於性的涵容。雖說「心是地，性是王。王居心地上。性在王在，性去王去」（《疑問品》），但是「菩提般若之智，世人本自有之，只緣心迷，不能自悟，須假大善知識，示導見性」（《般若品》）；根據「性在身心在」，心迷依然有心在，則性亦在。所迷之心，實僅心之一部分，是為自性以外所主宰的部分。這一點禪家沒有說清楚，但實際上是其題中應有之意。另外，心迷，性不迷，準確地說是自性不迷。二、「心」與「本心」不同，說「本心」時，指其心念不

起、心不染著，故與說本性無異。《般若品》：「智慧觀照，內外明徹，識自本心。若識本心，即本解脫」。心會迷，本心是不會迷的。三、心是工夫對象：「各自觀心，自見本性」，「外於一切善惡境界，心念不起，名為坐；內見自性不動，名為禪。」（《壇經·坐禪品》）。在心上下工夫，即是在「心念」上下工夫：「一切處所，一切時中，念念不愚，常行智慧，即是般若行。」在心念上下工夫，要使心念不起，即是念念不愚，「無染無雜，來去自由」。

儒佛兩家皆以「心」為工夫下手處。性不起念，心才會起念，故說工夫，只能從心上說。孟子工夫，首重「求放心」，他說：「學問之道無他，求其放心而已矣」。收心之後，工夫在「意」，意即念，意念即並為一詞。王陽明說《大學》「正心誠意」：「心之本體本無不正，自其意念發動，而後有不正。故欲正其心者，必就其意念之所發而正之」（《大學問》）。朱元晦曾說，儒佛兩家的工夫相去毫釐；這「毫釐」，正可以就念上來說，念念歸善與念念歸無。至於工夫對象與路徑，同在心上用功，儒家自然不必、更無須刻意與佛家不同。甚至可以說，以佛家在工夫理論與實踐方面的深厚積累，今日之儒家正應多加學習和借鑒。

誰是告子？

　　《朱子語類》卷一百二十四：象山死，先生率門人往寺中哭之。既罷，良久，曰：「可惜死了告子！」

　　同卷又載元晦之所以謂象山為告子，其一：「今陸氏只是要自渠心裡見得底，方謂之內，若別人說底，一句也不是，才自別人說出，便指為義外。如此乃是告子之說。」（王白田《朱子年譜》，頁 155）「陸子靜不著言語，其學正似告子」；這是相應於告子之「不得於言，勿求於心；不得於心，勿求於氣」。朱元晦大約看象山就是外不得於言、內不求於心吧，但這點上甚至還不如告子，所以他說：「告子將心硬制得不動，陸遇事未必皆能不動」。延伸一下說，便是：「子靜卻要理會內，不管外面，卻無此理」。但是，象山對告子這話的理解與元晦不同，他對元晦說：「向在南康（在江西），論兄所解告子『不得於言，勿求於心』一章非是」（《象山全集》卷二）；「告子之意，不得於言，勿求於心，是外面硬把捉的」（同上，卷三十五）。告子之「不動心」，一說是「將心硬制得不動」，一說是「外面硬把捉」。

　　其二、《語類》卷一百二十四：「嘗與金溪（象山是江西金溪人）辨『義外』之說。某謂事之合如此者，雖是在外，然

於吾心以為合如此而行，便是內也。且如人有性質魯鈍，或一時見不到；因他人說出來，見得為是，從而行之，亦內也。金溪以謂，此乃告子之見，直須自得於己者方是。若以他人之說為義而行之，是求之於外也。遂於事當如此處，亦不如此。不知此乃告子之見耳。」元晦意思，與自己內心相吻合，雖是別人說出來的，就可認為是我心之義理，是義內不是義外。但象山認為要自己涵養成就的才是義內、所得才稱得「集義」：「我善養吾浩然之氣，當吾友適意時、別事不理會時，便是浩然。養而無害，則塞乎天地之間。是集義所生者，非義襲而取之也。……孟子出於子思，則是涵養成就者，故曰是集義所由生者」（《象山全集》卷三十五）；象山又說：「此集義所生與義襲而取之者之所由辨，由仁義行與行仁義者之所由分；而曾子、子夏之勇，孟子、告子之不動心，所以背而馳者也。」（同上，卷一）。這一條與上一條相似處，朱元晦說只認自心所出而不容有在外之義理，類似硬制於內，是告子；陸象山認為遵從自己心中的仁義而行，與見到別人的仁義而遵行之，是「背道而馳」的兩碼事，義從外而得，便是告子。

　　元晦眼裡的告子硬是不動心，象山的告子則硬是不走心。

　　其實都冤枉。元晦雖認外獲之理，卻必經己心的反省認證。象山雖認理非外爍，卻與外無不呼應。

　　告子四句話「不得於言，勿求於心；不得於心，勿求於氣」，就上下文來說，要與「不動心」相呼應。後兩句孟子認可：心裡不能認可，就不作出相應的生理反應。前兩句稍複雜：外部的資訊與告子所期望的不吻合時，告子不啟動心

（理）的判斷機制，直接反應出（不恐懼等的）表情、動作、行為。前兩句裡，氣被省略了，但如果沒有氣，就說不上不動心的問題了。所以，儘管心裡關閉了理的評判，還是有氣的反應的。孟子的意思，正應該啟動我心的判斷，而後決定是動心或不動心。雖然兩位老先生似乎都有點兒過度解讀了，但朱注還是比較地合理、清晰。（象山說：「告子外面硬把捉，直到不動心處，豈非難事？只是依舊不是。」（《象山全集》卷三十五），此說也有理，但很費解。）

說說「四端」與「是非之心」

　　話題是《孟子》引起來的，〈公孫丑上〉說：「惻隱之心，仁之端也；羞惡之心，義之端也；辭讓之心，禮之端也；是非之心，知之端也」，是後文所稱的「四端」。〈告子上〉再說：「惻隱之心，仁也；羞惡之心，義也；恭敬之心，禮也；是非之心，知也」。孟子將惻隱、羞惡、恭敬（恭敬較辭讓更為全面和透徹）、是非四者，與仁、義、禮、智相對應的反應，推究為仁義禮智的見端。這裡先討論兩個問題，一個問題是，仁義禮知，在《論語》和《中庸》中尚未四者並舉，而皆有以「知仁勇」、「知仁」、「仁勇」並舉；此如《論語》的「知者不惑，仁者不憂，勇者不懼」、「仁者靜，知者動」、「仁者必有勇」，如《中庸》的「知、仁、勇三者，天下之達德也」、「好學近乎知，力行近乎仁，知恥近乎勇」。孟子四者既並舉，又將「知」的位置由首移到末，此變化是否與涵義的變化有關？進而，知與智為同源通用字[1]，習慣上「知仁勇」、「仁義禮智」皆知智通用，是否應有區別？第二

---

[1]　孔德明《通假字概說》北京廣播學院出版社 1993 年 12 月版，頁 108。《王力古漢語字典》中華書局 2000 年 6 月版，頁 803。

個問題是，孟子將四端並列，但四者是不是處於同一層級的心理反應，或者說是否可視為同一層面的情？

一、「知仁勇」？「智仁勇」？

我們都知道孔子思想中「仁」的分量很重，《論語》「知仁勇」並提：「知者不惑，仁者不憂，勇者不懼」（子罕）；但是勇可為仁所涵容：「仁者必有勇，勇者不必有仁」（憲問）。真可與仁處在同一級別上、分量相當的，只有知。《論語》知與仁多處並提：「知者樂水；仁者樂山。知者動，仁者靜。知者樂，仁者壽」（雍也）。「仁者安仁，知者利仁」（里仁）。這些處的「知」，都不單出，而是「知者」同出，即是今天我們說的「智者」，有智慧的人；這裡的「知」，即是《王力古漢語字典》說的，在「智慧」的意義上，知為本字，智為孳乳字。因此這裡的「知」讀去聲。不過，容易注意到，單出一個「知」時，其涵義就不僅僅是「智慧」了，這裡不多舉例。但是，知的最基礎的意義應是「辨識」。《說文解字》知字歸矢部，段注：「識敏，故出於口者疾如矢也」（第五篇下，矢部第九字），引申為了解、知識、知道。《論語》中「人不知而不慍」（學而）、「吾有知乎哉？無知也」（子罕），「知之為知之，不知為不知，是知也」（為政），都作此解。「知」字單出，特別是在與「仁」並舉的情況下，「知」是作為一種品德的；我們並可看出，孔子將「知」放在「仁」之前，有其特別意義：

1、「擇不處仁，焉得知？」（里仁）。案：知道有「仁」，才會選擇仁；不選擇仁的人，是無知。這個「知」，可以解作知識、智慧、識力。都可以通，而重在「知」先於「仁」。

2、樊遲問仁。子曰：「愛人」。問知。子曰：「知人。」樊遲未達。子曰：「舉直錯諸枉，能使枉者直。」樊遲退，見子夏，曰：「鄉也吾見於夫子而問知，子曰，『舉直錯諸枉，能使枉者直』，何謂也？」子夏曰：「富哉言乎！舜有天下，選於眾，舉皋陶，不仁者遠矣。湯有天下，選於眾，舉伊尹，不仁者遠矣。」（顏淵）。案：這一章很有意思。樊遲問的是「知」，孔子答以「能辨識人」；子夏例舉孔子舉直錯枉的用人之道的時候，說的是選仁遠不仁。子夏的回答，既說明了「知人者智」（此四字雖出老子書，而論語亦有此義），又說明了仁：知辨識「仁」，「不仁」就被摒斥於外了。知先於仁的意思也很清楚。

3、子張問曰：「令尹子文三仕為令尹，無喜色；三已之，無慍色。舊令尹之政，必以告新令尹。何如？」子曰：「忠矣。」曰：「仁矣乎？」曰：「未知，焉得仁？」「崔子弒齊君，陳文子有馬十乘，棄而違之。至於他邦，則曰：『猶吾大夫崔子也。』違之。之一邦，則又曰：『猶吾大夫崔子也。』違之。何如？」子曰：「清矣。」曰：「仁矣乎？」曰：「未知。焉得仁？」（公冶長）。案：顯然，忠、清的品德，與知、仁還不在同一層級上。此章兩出「未知，焉得仁」。孔子說兩位雖有忠、清之德，但未有知仁之德，就說不

上「仁」；先知後仁的意義亦很明顯。以往的注釋於此一層甚少注意。

4、子曰：「知及之，仁不能守之；雖得之，必失之。知及之，仁能守之，不莊以涖之，則民不敬。知及之，仁能守之，莊以涖之，動之不以禮，未善也。」（衛靈公）。案：知仁禮，此一組合知亦在前。識得怎樣才是仁，堅持依仁而行（守），自重以涖，而出之以禮。

由以上，知與仁組合時，1）、知是一種高層級的品德；這個「知」，就專指的「知仁」之「知」。王陽明說「知無不良」，也可以從這個角度去觀察。2）、須有識仁、求仁之知，而後可以言仁。禪家說，有了智慧才能見佛性；是亦有見。

此「知」字皆非孳乳字「智」之字義所能涵括，因此，「知仁勇」不可簡單地混同於「智仁勇」。

二、「仁義禮知」？「仁義禮智」？

到了《中庸》，「仁義禮知」分成了兩個序列：一個是「仁義禮」系列，是從《論語》「義以為質，禮以行之」，及上引 4、「知及之」一條的系列而來的：「仁者人也，親親為大；義者宜也，尊賢為大；親親之殺，尊賢之等，禮所生也」。仁義是核心，體現在親親尊賢；怎麼個親親尊賢，卻需要以禮來體現。所以可以說，禮是仁義的外化，居於仁義的外一層。當然，義又是仁的外化。另一個系列直承《論語》的

「知仁勇」系列而來：「五達道」之後是「三達德」：「知、仁、勇三者，天下之達德也」。這個「知」，朱元晦是注作去聲的。緊接著的「或生而知之，或學而知之，或困而知之，及其知之一也」的「知」，所知的無疑是達道、達德，所以朱元晦並未註為去聲。按上下文意，無論生知學知困知，只要最終能了解達道達德，都是一樣的；知仁而後行仁。朱注卻說「所以知者知也，所以行者仁也」，因為他是將「知仁勇」之「知」作「智」解的，就將文意解成了：所以生知學知困知，皆因有「智」。這樣與三達德相關，比較勉強，就可以看出「知仁勇」之「知」作去聲之未愜。下文接著說道：「好學近乎知，力行近乎仁，知恥近乎勇」。朱注「好近乎知之知，並去聲」。《中庸》這裡的「知」，與《論語》單出之「知」不同，也與「三達德」之「知」不同。其與「好學」為近，是「有知識、智者、智慧」的涵義，應如朱註讀去聲。故朱註將「知仁勇」與「好學近乎知」的兩個「知」字，都注為去聲[2]，是不對的。

至於「知」在「仁義禮智」與「知仁勇」中，何以地位不同的問題，朱子與弟子亦嘗討論到的。《朱子語類》卷五十三

2　「或生而知之，或學而知之，或困而知之，及其知之一也」。這個知，是具備、獲得的意思，與代詞「之」（朱注所謂「知之者之所知」，此「知」當作平聲），組成動賓結構。下文「好學近乎知」，卻是名詞。朱注：知仁勇，「知去聲」。好學近乎知之知，朱注：「好近乎知之知，並去聲」。所以，《中庸》的「知」字作「知」與「智」解時，音義皆不同。

載：

> 《中庸》說「知仁勇」，把知做辦初頭說，可見知是要
> 緊。賀孫問：孟子四端，何為以知為後？曰：孟子只循
> 環說。智本來是藏仁義禮，惟是知恁地了，方恁地，是
> 仁禮義都藏在智裏面。

朱子分明已經了解「知」在「仁」先的涵義，所以「知仁勇」之「知」，與「仁義禮智」之「智」，分別作不同的字寫。認真說來，說「仁禮義都藏在智裏面」的「知」，只於《論語》的「知仁勇」上解釋為貼切；這個「知」大，在先，才可以說得上藏得仁義禮。《中庸》的「好學近乎知」之「知」已經變小了，由無形空靈之「性」成為了具體的「工夫」，好學、力行、知恥，就不能再說藏仁義禮了。《中庸》「仁義禮」系列是孟子並舉仁義禮智的先聲。孟子對於這個「知」的指定意義，即是「是非之心，智之端也」，明白是「智」的意思了。所以，弟子問為什麼孟子把「知」放在「仁義禮」之後的問題時，朱元晦回答「孟子只循環說」，意思也明白。也許在孟子的時代，「知」為「智」的用法比較通行。與孟子同時的荀子，其〈修身篇〉謂：「是是非非謂之知，非是是非謂之愚」。荀子之「知」有著道德意義，不僅僅能辨識是非，而且同時能主張是、排斥非。由此來看孟子的「是非之心，智之端也」，便明白這個「智」同樣是有道德意義的，而且有辨識的智慧。「知」可以打頭包藏「仁義禮」，「智」則

限定在了是明辨是非之識力。這麼一來，仁義禮智四者的關係，智實際上不能與前三者處於同一層級了，更不能與仁義處於同一層級了。朱子說到由仁來統攝後三者，但沒有更細膩分辨下去：「是非、辭遜、羞惡，雖是與惻隱並說，但此三者皆自惻隱中發出來。因有惻隱後，方有此三者」；「羞惡、恭敬、是非之心，皆自仁中出。故仁，專言則包四者，是箇帶子。」（《朱子語類》卷五十三）。

無疑，知在仁先，而智在仁後。

三、「四端」有等差嗎？

先要看看孟子是怎麼來描述「四端」的，為此，我們再將孟子論說「四端」的一段話完整引在下面，並略加疏釋：

孟子曰：「人皆有不忍人之心。先王有不忍人之心，斯有不忍人之政矣。以不忍人之心，行不忍人之政（出乎善心，行乎善政），治天下可運之掌上。所以謂人皆有不忍人之心者（以下指陳人皆有善心的證據），今人乍見孺子將入於井（猝然看到小孩子快掉到井裡去了），皆有怵惕惻隱之心，非所以內交於孺子之父母也，非所以要譽於鄉黨朋友也，非惡其聲而然也（自然而然地生發出惻隱之心，而不是出於身心利害計慮）。由是觀之，無惻隱之心，非人也；無羞惡之心，非人也；無辭讓之心，非人也；無是非之心，非人也。（與惻隱之心

相同，人人都還有羞惡、辭讓、是非之心。朱熹注：言人若無此，則不得謂之人，所以明其必有也）。惻隱之心，仁之端也；羞惡之心，義之端也；辭讓之心，禮之端也；是非之心，智之端也。（四心，是可以被感受到的已經發出的情緒，各相應來自於人心中的仁義禮智之性，四心是仁義禮智的見端。朱熹注：心，統性情者也。端，緒也。因其情之發，而性之本然可得而見，猶有物在中而緒見於外也。）。人之有是四端也，猶其有四體也（四端，是仁義禮智的顯現。人有仁義禮智之性就像是有著五官四肢，都是人自身生命的構成物）。有是四端而自謂不能者，自賊者也（如果被利害計慮掩蓋了惻隱羞惡辭讓是非之心，而說自己不能為善，那是自己害自己）；謂其君不能者，賊其君者也。凡有四端於我者，知皆擴而充之矣，若火之始然，泉之始達。苟能充之，足以保四海；苟不充之，不足以事父母（朱熹注：此章所論人之性情，心之體用，本然全具，而各有條理如此。學者於此，反求默識而擴充之，則天之所以與我者，可以無不盡矣）。」（〈公孫丑〉上）

　　孟子說四端與四體是同樣為人所具有，四端的心理反應似是無等差的處於同一層級。孟子這裡舉了惻隱的實例：猝然看到小孩子快掉到井裡去了。這裡的「乍見」二字特別重要，是不期然地突然見到，這時的惻隱之心也不期然地發生；而不是見了之後，另加了一番的思量：「要譽於鄉黨朋友、惡其聲」

之類。思量以後雖然也可能產生惻隱之心，但已經不是直接的
心理反應，不是人人皆具之性的本能呈現。孟子只說「乍
見」，乍見之時，人人所同；乍見以後，人或各異。因其所
同，見得人性的第一反應之所同，見得仁之為性。所以，孟子
指出惻隱之心為仁之端的此一舉例，非常精當雄辯。孟子沒有
接著舉例來說明羞惡之心義之端，但在〈滕文公上〉裡，似有
一接近的實例：

> 蓋上世嘗有不葬其親者。其親死，則舉而委之於壑。他
> 日過之，狐狸食之，蠅蚋姑嘬之。其顙有泚，睨而不
> 視。夫泚也，非為人泚，中心達於面目。蓋歸反虆梩而
> 掩之。掩之誠是也，則孝子仁人之掩其親，亦必有道
> 矣。

朱子注：「此葬埋之禮所由起也」。由羞惡之義而產生
禮，此義由禮行之。見親人屍骨曝露而羞於不葬其親，乍見之
下，羞惡至於汗下，這也是人人可以當下體會而認可的。至於
恭敬之心，孟子也沒有舉例，但我們反躬容易自知，當我們身
處廟堂或宏偉的建築物，接觸偉大的藝術品，乃至於面對年邁
的爹娘，恭敬之情會油然而生，不須思量、不待安排。不過，
惻隱似是完全的心理活動，羞惡則多會有外在的表現（如孟子
所謂「中心達於面目」），恭敬更是不由自主地會發之於形體
（孔子說「不知禮無以立也」。仁義皆平面的，無形的；禮則
必須是立體的，有形的）。所以，由惻隱到羞惡再到恭敬，這

三個端的呈現就其曲折來說，是不同的，由內而外的傾向在加強；所以朱子注「恭敬之心」道：「恭者，敬之發於外者也；敬者，恭之主於中者也」。

　　至於是非之心，則與前三者大不同。前三者是選擇性的發露，是非則是廣泛針對事物的兩種態度。前三者皆是情感的直接發露，是非乃理性的選擇。前三者是本心的直接流露，是非乃根據某種標準作出的判斷。是非之心，初不能如同前三者那般直接地作出「第一反應」，相似而直接的情緒似乎是「好惡」。《大學》說「如好好色，如惡惡臭」，好與惡之所發，似更接近於前三者的本能的生理性反應。相對地說，是非似不直接從本心來，乃從好惡之心來；好之乃是之，惡之乃非之。是非的前奏是好惡，一般地說，好惡才是可以「乍見」便呈現的心理反應、第一反應。只說好惡，動物亦多有，非僅人類為然。所以人之好惡，不以天然的好惡為則，而應以善惡為則。人類社會以外無所謂善惡[3]，此所以人區別與動物。人之所好（音號），當好在善；人之所惡（音物），當惡在惡（音餓）。這就是《大學》說的人類生性之好惡：「如好好色，如惡惡臭」。不過，對於「事」，人的好惡就不同於對「色、臭」似的簡單明瞭了。所以，一方面，我們說人之好惡，說的

3　《孟子・盡心上》舉了一個例子：「舜之居深山之中，與木石居，與鹿豕遊，其所以異於深山之野人者幾希。及其聞一善言，見一善行，若決江河，沛然莫之能禦也。」從這例子可以看出兩件事。一、人類社會以外無所謂善惡，即使聖人離開人類社會，也不能自發地「善」。二、聖人一旦「聞一善言，見一善行」，就可以全般呈現其本性之善。

是所好所惡的善與惡而已。另一方面，荀子說「是是非非謂之知，非是是非謂之愚」，直接定義了「智」的是是非非性質，即是好善惡惡為智；孟子只說「是非之心，智也」，對於聖人，也許是可以直接呈現是非，而無不是善非惡。但對一般人，就不能這麼信任是非之心的第一反應。所以在有所是非之先，還應該有一番好善惡惡的「修己」的過程。這一番曲折之後，遇事才可能有如同惻隱之心般的不假思索的「第一反應」的是善非惡。就此而言，是非這一端，與前三端是很不相同的，不處於同一個層級上[4]。後來湖湘學派的開山祖師胡五峰乾脆就說：「好惡，性也。小人好惡以己，君子好惡以道。察乎此，則天理人欲可知。」（《宋元學案》卷四十二）。這是將「好惡」與「惻隱、羞惡、恭敬」並列了，也算是乾脆俐落。

四、「是非之心」有多重要？

說到這裡，很容易引起一個疑問：是非之心，與惻隱、羞惡、恭敬之心既不處於同一的層次，不能使人如後三者般容易

---

[4] 王船山也認為知與仁義禮不在同一層級上，仁義禮有體，知乃靈明無體：「此言仁義禮者，總以實指人道之目，言天所立人之道而人所率繇之道者若是。皆為人道之自然，則皆為天理之實然。與夫知之為德，人以其形其質受天靈明之用，得以為用，應乎眾理萬事而不適有體者自別。故仁義禮可云道，而知不可云道。」（《讀四書大全說》中庸卷第二十章第四節）

體悟到人人具有的仁義禮之性，則其重要性是否亦不如仁義禮？

　　我們先將「是非之心」的性質再作一簡要的小結與引申：1、仁義禮智是人之性，性無不善，則作為仁義禮智之見端的惻隱、羞惡、恭敬、是非，亦必是善的。是非之心既「是善」，則必「非惡」。是善非惡、形於好惡的直接反應就是好善惡惡，故孟子實際上認定了是非之心的性質是好善惡惡的。2、是非之心與惻隱、羞惡、恭敬之心的不同在於：在面對「事」的時候，所不期然而然地生出的好惡之心，對於一般人來說，通常並不就是好善惡惡的是非之心。3、因為一般人需要經過一番「修身」的曲折，以確保是非之心所呈現的性質是好善惡惡，所以將是非之心作為修身之要，將動物性的好惡之心提升為人性之善端，這在儒家工夫系統中有特別重要的意義。因對修習者來說，所好未必是好色，所惡未必是惡臭，所以好惡與本心之間，還有一層間隔。必要到了所好者善，所惡者惡，如同本心對於好色與惡臭的自然流露，此好惡乃得與本心一致，進而是非之心乃得與本心一致而為性之端。

　　這一層關係，孔子便說到過：「惟仁者能好人、能惡人」；在孔子看來，五官若是人之五官，其發揮功能就要合乎禮，「非禮勿視、聽、言、動」；心要是人之心，便要能「居仁」、「好仁惡不仁」。孟子以外，又以陸象山與王陽明發揮得最為真切。象山說：「好仁者非好其人也，好其仁也。惡人者非無其人也，惡其不仁也」、「人非草木，不能無好惡，然好惡須得其正，乃始無咎」（《全集》卷十四）。陽明說：

「目無體，以萬物之色為體；耳無體，以萬物之聲為體；鼻無體，以萬物之臭為體；口無體，以萬物之味為體；心無體，以天地萬物感應之是非為體。」（《傳習錄》【277】）。耳目口鼻心，在沒有感應以前都只是擺設，不是體現出各自存在的「體」。心不同於耳目口鼻的是：心不僅僅感應天地萬物，還要反應出「是非」，方成其「體」[5]。陽明將是非之心定性為好善惡惡，並與他思想的核心概念「良知」視為同一[6]。他並且說：「良知只是箇是非之心。是非只是箇好惡，只好惡就盡了是非，只是非就盡了萬事萬變。」（《傳習錄》【288】）好惡、善惡、是非，可以針對萬事萬變，既一體、又貫穿。我心所好而皆善，此一心之好惡乃能盡了是非，盡了萬事萬變。由「是非」的問題，追出了「好惡」，由「好惡」又追出了

5　陽明道：「心之本體即是性。……良知即是未發之中，即是廓然大公寂然不動之本體，人人之所同具者也」（《傳習錄》【81】）心之本體、性、良知，在陽明可視同一物。心之體與耳目口鼻之體不同。耳目口鼻以聽覺、視覺、味覺、嗅覺為體，若失去其知覺，等於無此器官。故也可以說，視聽味嗅之作用乃耳目口鼻之性。儒家常說佛家以作用為性。《五燈會元》卷一載王與波羅提的對話，正說的是「性在作用」，「在眼曰見，在耳曰聞，在鼻辨香，在口談論，在手執捉，在足奔運」。不過，佛家這裡說的「性」，指的是「佛性」：「識者知是佛性，不識者喚作精魂。」與儒家說的性全不是一回事。至於陽明以「萬物感應之是非」為性、為心體，儒佛區別就如同天淵了。

6　學者在實踐心性工夫的時候，惻隱羞惡之情容易直接產生，恭敬之情亦可由敬來引領，唯有是非一項，若僅執於是非，則似有分殊無理一。必要有一個「良知」概念的引入，才能統一，才有理一。由此亦可見陽明良知說之縝密。

「善惡」，這就歸根到了「善」字上。象山理解孟子的「集義」為「集義即集善」，陽明說：「善念存時，即是天理。此念即善，更思何善？此念非惡，更去何惡？此念如樹之根芽，立志者，長立此善念而已。從心所欲不踰矩，只是志到熟處。」（《傳習錄》【53】）

到這裡我們再回頭看看「四端」、「是非」、「知」的關聯。我們拿陽明弟子王龍溪做例子，看他怎麼說：「知者心之本體，所謂是非之心，人皆有之。是非本明，不須假借，隨感而應，莫非自然。聖賢之學，惟自信得及，是是非非不從外來」（《明儒學案》卷十二）。陽明說良知是本體，龍溪說知是本體；陽明說良知是是非之心，龍溪說知是是非之心。一字之差，關係甚大。在陽明看來，知就是良知，知無不良，但卻必須加一「良」字。無善無惡、無是無非，這是佛家所主張；必從知善知惡、是善非惡處立足，才是儒家本色。陽明後於孟子，在知上重加此一良，正是要為是非之心定一性質。而學者借助龍溪之言，亦可以反證是非之心有一個是善非惡的前提。

故對於學者，好惡明，善惡分，是非之心也。[7]

---

[7]　朱子似乎把是非之心歸到心外，至少是不能如孟子、陽明般說得清晰決斷。朱子語類卷十五：「窮極事物之理到盡處，便有一箇是，一箇非，是底便行，非底便不行。凡自家身心上，皆須體驗得一箇是非」。說「窮極事物之理」，說「自家身心」，都是朱子含糊處。

孟子工夫三維：收、思、養

收：第一件事就是把心收回來。一般人的心大多數的時間都不和自己在一起，心思東跑西跑如游魂，所以孟子做工夫的第一件事，就是把心收回來。《孟子‧告子上》：「仁，人心也；義，人路也。舍其路而弗由，放其心而不知求，哀哉！人有雞犬放，則知求之；有放心，而不知求。學問之道無他，求其放心而已矣。」

「學問之道無他」這句，不可以輕輕放過了。做學問的路徑沒有別的，就從求放心、從收心做起。再一層意思，做工夫就是不斷地回到求放心來，不斷地從求放心開始。雖說心收了回來，放到自己身上，可是不久又會飛到自己身外去；這不要緊，一旦覺知了，就回到求放心的路上來。不斷求放心就是做工夫。[1]

---

[1]　孟子書中，「求放心」與「存夜氣」，言異而意同。夜氣純粹無污染，白天「物交物則引之而已矣」，這就是心之所以放。收放心，所以存夜氣。「雖存乎人者，豈無仁義之心哉？其所以放其良心者，亦猶斧斤之於木也，旦旦而伐之，可以為美乎？其日夜之所息，平旦之氣，其好惡與人相近也者幾希，則其旦晝之所為，有梏亡之矣。梏之反覆，則其夜氣不足以存；夜氣不足以存，則其違禽獸不遠矣。」《孟子‧告子上》

　　思：收其放心，讓心在自己身上大段安得好，念頭不再飄忽；但這顆心也不是茫茫蕩蕩，心是要用來思的。在孟子看來，心也如同人的身體的一個組成部分，耳目口鼻身心。耳目口鼻身的功能都是「物」的功能，感受外部世界而作出物化的反應。心的功能則完全不類，是以「能思」為本質特徵，所以我們習用一個詞：「心思」。《孟子・告子上》：「體有貴賤，有小大。無以小害大，無以賤害貴。養其小者為小人，養其大者為大人。」（朱熹注：賤而小者，口腹也；貴而大者，心志也。）「公都子問曰：「鈞是人也，或為大人，或為小人，何也？」孟子曰：「從其大體為大人，從其小體為小人。」曰：「鈞是人也，或從其大體，或從其小體，何也？」曰：「耳目之官不思，而蔽於物，物交物，則引之而已矣。心之官則思，思則得之，不思則不得也。此天之所與我者，先立乎其大者，則其小者弗能奪也。此為大人而已矣。」

　　思的入手，是心處處不在又處處在的那一點「靈明」，那一點「知」，不緊不鬆地「有事」。孟子說的揠苗助長的故事，說的是不可太緊了，一緊就沒了。宋儒說的「惺惺著」、「提撕著」便是。思之全功，是思有定向。[2]

---

[2]　《宋元學案》卷十五記伊川語：「人心須要定，使他思時方思乃是。今人都由心。」曰：「心誰使之」？曰：「以心使心則可。人心自由，便放去也。」（今案，伊川皆言心，未有心與念頭的區別；故）百家謹案：「以心使心」一語似未安。一心聽使，一心使心，是一人有二心矣。不若云：「心未能定，聽其自由，便放去也。」案，這個意思，心被意念牽去，是不定。要能支配意念，而不是為意念所支配。誰來支

　　養：耳目口鼻身心，前五者都可以歸納為「身」。《大
學》：「自天子至於庶人，一是皆以修身為本」。「修身」是
本，為什麼不說「修心」，因為心不可見，心無本體，所以
「修心」工夫要經由「養氣」。孟子說：「我知言，我善養吾
浩然之氣。……其為氣也，至大至剛，以直養而無害，則塞於
天地之間。其為氣也，配義與道；無是，餒也。是集義所生
者，非義襲而取之也。行有不慊於心，則餒矣。」（〈公孫丑
上〉）。孟子說的「氣」，是身心的綜合體。孟子的「養」，
有兩個途徑，兩個「其為氣也」後的工夫。第一是「以直
養」，保持「身」與「意」（意為心之所發）的距離，即是上
述「收」與「思」的工夫。「直」，就是收其放心以恢復、保
持「氣」的本然。[3]第二是「配義與道」，在行事中依照道義
去做，這叫「集義」。第二項的重要性在於，若沒有「集義」
的支持，「氣」會敗落垮塌，工夫就沒有效果可言了。

　　這三者，不只是遞進式、階梯式的關係。雖有先後，但在
每一層面，都必須同時成長，如長寬高三個維度同時的疊加成
長，所以稱之為「三維」。

配？久而久之，意念之動，皆由我心。心與意念合一，不是另有一個支
配意念的心。

[3]　禪家說的「直心」，就是本然之心，不增不減、不垢不淨的。《六祖壇
　　經‧定慧品》：「一行三昧者，於一切處，行住坐臥，常行一直心是
　　也。」程子說：「以直道順理而養」、「去氣偏處發，便是致曲；去性
　　上修，便是直養」（《二程遺書》卷一、卷六）。似反不如禪家言之痛
　　快近孟子。

《論語》析「義」

　　《論語》仁、義不並稱，孔子重「仁」，眾所周知，而孔子言「義」之意，恐尚晦而未彰。今亦稍加論列如下。

1、道德原則，是義。

　　1-1、子曰：君子之於天下也，無適也，無莫也，義與之比。（里仁）案，以義為行之斷，服從道義。

　　1-2、君子喻於義，小人喻於利。（里仁）案，君子明於道。

　　1-3、子曰：「德之不修，學之不講，聞義不能徙，不善不能改，是吾憂也。」（述而）。案，聞義而徙，是遵從道德原則。

　　1-4、夫達也者，質直而好義。（顏淵）。案，「質直」，是說品格未被扭曲，如我們今日所說的，天性純良（即純善），自然而然地樂於仁義之行。

　　1-5、見利思義，見危授命。（憲問）案，見利則斷於義。

　　1-6、上好禮，則民莫敢不敬；上好義，則民莫敢不服；上好信，則民莫敢不用情。（子路）。案，義亦適用於君民關係的準則，且首先是對「上」的要求。

2、做事遵行道德法（西方自然法的精神亦類此），亦得稱義。

2-1、君子義以為上。君子有勇而無義為亂，小人有勇無義為盜。（陽貨）。案，義固然為君子所崇尚，但在衡量和要求一般人時，層次是比較低的。這是後來「義」可以與「仁」並稱的條件之一。

2-2、隱居以求其志，行義以達其道。（季氏）案，行義求道。

2-3、不仕無義。……君子之仕也，行其義也。道之不行，已知之矣。（微子）。案，「無義」，就是不能「行其義」，不能「行義以達其道」，故不仕。

2-4、不義而富且貴，於我如浮雲。（述而）。案，這裡的「不義」也是不能行義之意。

2-5、見義不為，無勇也。（為政）。案，為義所驅使，可稱為勇。《論語》的時代，「勇」的品格地位是很高的，似乎行義更需要有很大的勇，因為君子之義依道德法則而斷於我心，並沒有更多的依傍。《中庸》以後，勇的層級降低了，大約與「禮崩樂壞」有很大關係，道德法則渙散了。也許，小人之勇多起來了，儒家對於勇的贊許便保守起來。朱元晦註《孟子》「配義與道」：「義者，人心之裁制。道者，天理之自然」，固然不錯，但這種意思，似側重在約束。

3、義是內源性的。

3-1、君子義以為質，禮以行之，孫以出之，信以成之。君子哉！（〈衛靈公〉）

案，內源性的，出於內，本性。這是後來「仁」與「義」並舉的條件之二，後來孟子說：「仁義禮智根於心」。

4、得宜

4-1、務民之義，敬鬼神而遠之，可謂知矣。（雍也）。案，「務民之義」與「敬鬼神而遠之」是兩件事。「民」是相對於行政對象而言的「民人」，「務」字與「君子務本」「務民之義」，即所務應當以百姓以為適合的為準。

4-2、其養民也惠，其使民也義。（公冶長）。案，譬如「使民以時」之類。

4-3、群居終日，言不及義，好行小慧，難矣哉。（衛靈公）。案，此條須注意，孔子僅僅要求君子以義，概君子當服從道德原則。但是，群居終日者不可以指為君子設言，故釋者多以「道義」訓此條之「義」，恐未愜。縱有平居相聚，其言未必皆當及於道義。孔子這裡當指說話不得宜。

4-4、義然後取，人不厭其取也。（憲問）

4-5、見得思義。（季氏）。案，思當得不當得。

4-6、長幼之節，不可廢也；君臣之義，如之何其廢之？（微子）。案，「君臣之義」，可參見洪邁《容齋隨筆》：自外入而非正者曰義，義父，義兒，義兄弟，義服之類是也。由於君臣關係是「外入」的關係，所以相處以「宜」為度：君待臣以禮，臣「不仕無義」。孔子說君臣之義，也僅到此而止，殆行政倫理的意味更為突出。有子所言「不好犯上，而好作亂者，鮮矣」，意亦近此。

如上所述，對於《論語》的「義」，再簡單歸納一下：作

為道德原則的「義」，乃要求於君子，如：「君子義以為上」，「君子義以為質」，「君子喻於義」，「不仕無義」，「君子之仕也，行其義也」，等等。但是，義也在較低層級的、更為基本的意義上適用於大眾，如：「小人有勇無義為盜」，「信近於義」，等等。所以，「義」具有普遍性，而後來被孟子歸納為人類之性善所體現的「四端」之一。2、「義」是內源性的，為人所固有，所以孟子說「仁義禮智根於心」。3、義之本訓為宜，非得當不能稱為義。凡遵從「義」的社會關係，都應當是各得其宜的。

怎樣才算「知之至」？

　　朱子將《禮記·大學》一篇，作成《大學章句》，把原文分為經一章、傳十章。他將經文中「自天子以至於庶人，壹是皆以脩身為本。其本亂而末治者否矣，其所厚者薄，而其所薄者厚，未之有也！此謂知本，此謂知之至也」，後十個字，即「此謂知本，此謂知之至也」，移到下文，單獨列為一段。他並且補足了這一段經他考索已經亡佚而不完整的文字。這就是著名的「大學格物補傳」。其中，對「物格」和「知之至」有如下的演繹：

　　「蓋人心之靈莫不有知，而天下之物莫不有理，惟於理有未窮，故其知有不盡也。是以大學始教，必使學者即凡天下之物，莫不因其已知之理而益窮之，以求至乎其極。至於用力之久，而一旦豁然貫通焉，則眾物之表裡精粗無不到，而吾心之全體大用無不明矣。此謂物格，此謂知之至也。」

　　儒家視「知」為無形體方所的一點靈明，所以說「人心之靈莫不有知」，此「知」作用於四體五官，於是有視覺、味覺、聽覺、嗅覺、觸覺，可以形成知識經驗。依朱子說法，似乎是從已知之理推究未知之理，照這樣長久地用力，一旦豁然貫通了，就可以達到「知之至」。

　　這樣的說法有兩點需要加以推敲：其一，「已知之理」是用力的基礎和起點，最初的這個理是從哪裡得來的？若是不曾先得了這個理，是不是就失去了達到「知之至」的可能性？這一點沒有敘述明白。其二，一旦豁然貫通之時，心的全體大用無不明，「明」的是什麼？若說介詞「而」是表示上下句的並列關係，上句「眾物之表裡精粗無不到」說的是物（事也屬於物），下句的「吾心之全體大用無不明」，兩不相干，沒有著落。如果上下句是相承的關係，心的全體大用因洞徹眾物而彰顯，那立即會引起下一個問題。其三，「一旦豁然貫通」的是何種「知」？何種「理」？若是說明白事理，則事理盡可一件一件去明，不需要等到「至乎其極」才一旦豁然貫通而明，也不可能一旦貫通而事理皆無不明。若是物理，今天我們知道，人類所知的只能是相對真理。若說是「仁義禮知」、「孝悌忠信」等道德倫理之「知」，那恐怕定性的知要比定量的知要來得更合理。譬如《大學》傳六章的「如惡惡臭，如好好色」，就並不要求量的累積至於極致才能明白。若必待於量的積累，等於判定在未達到「止於至善」、「知之至」之量以前，所知之理都是靠不住的，而人的本性本心也是靠不住的。

　　朱子的主張是從程伊川來的。伊川已經意識到了「致知」之量的累積程度問題。他說：「格物窮理，非是要盡窮天下之物，但於一事上窮盡，其他可以類推。至如言孝，其所以為孝者如何窮理，如一事上窮不得，且別窮一事，或先其易者，或先其難者，各隨人深淺，如千蹊萬徑，皆可適國，但得一道入得便可。所以能窮者，只為萬物皆是一理，至如一物一事，雖

小，皆有是理。」（《二程遺書》卷十五）。伊川這裡教了學者兩個訣竅，一是瞭解某一類事就行了，因為道理都一樣，觸類可以旁通；二是別在一類事上死磕，可以換件事試試看。伊川雖說萬物一理，但他自己舉的例子是「孝」，是說事、說倫理，不拿物來說。朱子在這一點上始終是含含糊糊的，說的都是人事，卻又像意指著物質世界。按照「以求至乎其極」的標準，朱子對「知之至」也是有打折扣的。如他說：「自一身之中以至萬物之理，理會得多，自當豁然有個覺處。今人務博者，卻要盡窮天下之理；務約者又謂反身而誠，則天下之物無不在我，此皆不是。且如一百件事，理會得五六十件了，這三四十件雖未理會，也大概可曉了。」（《朱子語類》卷一百一十七）。

　　陸象山和王陽明主張在定性上求「知之至」，一旦明白認取此心之理，則一事一物之理盡可從容保養。象山說：「物有本末，事有終始，知所先後，則近道矣。於其端緒之知不至，悉精畢力求多於末，溝澮皆盈，涸可立待，要之其終，本末俱失。」（《象山全集》卷一）。所以他主張在「端緒」上求「知之至」，「端緒」就是認得「此心之良」，認取後才得「盡此心」：「古人教人不過存心、養心、求放心。此心之良，人所固有，人惟不知保養而反戕賊放失之耳。苟知其如此，而防閑其戕賊放失之端，日夕保養灌溉，使之暢茂條達，如手足之捍頭面，則豈有艱難支離之事？」（同上卷五）。「天之所以與我者，即此心也。人皆有是心，心皆具是理，心即理也。故曰『理義之悅我心，猶芻豢之悅我口』。所貴乎學

者，為其欲窮此理，盡此心也」（同上卷十一）。象山這裡當
然純是就倫理說、就事說的，精要不煩，非關物理。

　　陽明則直接針對朱子之說提出不同看法，他說：「夫萬事
萬物之理，不外於吾心；而必曰窮天下之理，是殆以吾心之良
知為未足，而必外求於天下之廣，以裨補增益之，是猶析心與
理而為二也」（《傳習錄》【136】）。他並且明白將自然界
的物理排除在「格物」之外：「先儒解『格物』為『格天下之
物』，天下之物如何格得？且謂一草一木亦皆有理，今如何去
格？縱格得草木來，如何反來誠得自家意？」（同上【317】）
陽明與象山同樣，認可能「知之至」的是天理之心，所謂本
體。他說本體與天下事物的關係道：「聖人無所不知，只是知
個天理：無所不能，只是能個天理。聖人本體明白，故事事知
個天理所在，便去盡個天理。不是本體明後，卻於天下事物都
便知得，便做得來也。天下事物，如名物度數、草木鳥獸之
類，不勝其煩，聖人須是本體明瞭，亦何緣能盡知得。但不必
知的，聖人自不消求知，其所當知的，聖人自能問人：如『子
入太廟，每事問』之類。先儒謂『雖知亦問，敬謹之至』；此
說不可通。聖人於禮樂名物，不必盡知，然他知得一個天理，
便自有許多節文度數出來，不知能問，亦即是天理節文所在。」（同上【227】）

　　王船山把致知限定在事上，而排除了物，其解「知之至」
也如陸王，相當清晰可從：「所謂事，即求止至善之事也。所
以謂之事者，以學者所處之事，無有出於明德新民之外也。」
（《讀四書大全說》〈大學卷〉）。船山的意見特別值得重視

之處，是他對於自然界之天下萬物劃定了一個「知」的探索界限。他認為用得著的東西才值得去知，他說：「盡人物之性者，要亦於吾所接之人、所用之物以備道而成教者，為之知明處當，而贊天地之化育。若東海巨魚，南山玄豹，鄰穴之蟻，遠浦之蘋，雖天下至聖，亦無所庸施其功。即在父子君臣之閒，而不王不禘，親盡則祧，禮衰則去，位卑則言不及高。要於志可動氣、氣可動志者盡其誠，而非於不相及之地，為之變理」（《讀四書大全說》〈中庸卷〉）。從船山的論述，可以領悟到儒家傳統文化對於人之自身與社會之間、人類自身與自然界之間，如何去把握相互關係、如何看待兩者相處的「度」的一種基本態度。就《中庸》來看，有三章述及的範圍廣大，若從了知物理的角度看，殊難解悟：第一章的「中也者，天下之大本也；和也者，天下之達道也。致中和，天地位焉，萬物育焉」；第十二章的「君子之道，造端乎夫婦；及其至也，察乎天地」；第二十二章的「唯天下至誠，為能盡其性；能盡其性，則能盡人之性；能盡人之性，則能盡物之性；能盡物之性，則可以贊天地之化育；可以贊天地之化育，則可以與天地參矣」。舉凡位天地育萬物、察乎天地、贊天地化育，是窮盡了人類對於自然界認知和調控能力；若以此看法來讀這幾章，便覺恍惚而不確。若如船山說，則正不必以窮索為能、不必以窮索為知之至，而是以「知明處當」為度。由此又可看出，儒家傳統文化不主張對自然界作窮極的探究，更重視對當下可及的周邊世界的把握，他們只要在「相及」的範圍內去瞭解與平衡。由此也可以瞭解到中國古來就少有探險之舉，而過山車和

蹦極也不是中國能發明的。船山先生又說：「風雨露雷之所不至，天之化不行；日月星之所不至，天之神不行。君子之言天，言其神化之所至者爾。倒景之上，非無天也，蒼蒼者遠而無至極，惡庸知之哉！君子思不出其位，至於神化而止矣」（《思問錄》）。我們又可以從此角度理解孔子的話，「知之為知之，不知為不知，是知也」（《論語・為政》）。至於鬼神、生死等種種不可知，儒家的思想不正是從這裡給人以穩定的力量嗎？所以君子思不出其位，是謂「知之至」也。

氣與氣質

　　「氣」字在《孟子・公孫丑上》有兩義：一為「我善養吾浩然之氣」的「氣」，可以「養」，是實有一物，即生理性的；又可以「塞於天地之間」，是夾了心理的感受的；因此這個氣，是生理與心理的綜合力，簡言之為身心的合力。二為「志壹則動氣，氣壹則動志」，是氣與志（志為心之所向）為不相融合的兩物，志屬心，氣屬身；又如「今夫蹶者趨者，是氣也，而反動其心」之「氣」，更是指身為氣了。中國人後來說「志氣」，必須這麼說才身心完整。

　　茲摘引徐復觀先生兩段關於「氣」的話於次：「切就人身而言氣，則自孟子養氣章的氣字開始，指的只是一個人的生理地綜合作用；或可稱之為『生理地生命力』。若就文學藝術而言氣，則指的只是一個人生理地綜合作用所及於作品上的影響。」（《中國藝術精神》臺灣學生書局 1996 年版，頁163）。「古人之所謂氣，並非僅指呼吸之氣，而係指人身生理的綜合作用，或由綜合作用所發生的力量。換言之，氣即由生理所形成的生命力。」（《中國思想史論集》臺灣學生書局 1959 年版，頁 146）。

　　最直接好理解的氣就是呼吸之氣息，徐先生所說的「綜合

作用」、「生命力」、「生理所形成的生命力」，應當理解為
經過了心理作用、心理訓練而影響、引導的氣息，所形成的身
心的合力。這樣的氣是可以養的，可以養，就有了「養氣」的
努力空間，與上文列出的《孟子》第二義的僅限於生理的氣不
同。身心的合力，身是呼吸，心是念頭，呼吸加念頭為
「氣」。有念無氣，不能形成生理的力量；有氣無念，只是呼
吸而已，非所以言氣。以念頭影響呼吸之氣，所謂「氣」也，
工夫便從這裡做起。

　　這「氣」怎麼養？孟子說：「難言也。其為氣也，至大至
剛，以直養而無害，則塞於天地之間」。這個事不好說，「難
言也」。程明道因這三個字而推許孟子是真到了那境界。孟子
難說而又說：「以直養」，怎麼個「直養」法，卻沒有說。朱
子解釋這個「直」：「天地之正氣，而人得以生者」，即以此
養，叫「直養」。趙岐斷句是「至大至剛以直，養而無害」，
解釋為將此「至大、至剛、正直之氣」，「養之以義，不以邪
事干害之」。徐先生取朱子之斷句、趙岐之「義養」，直截了
當說：「即以義養之意」。

　　但我覺得朱子的解釋更好些。《康熙字典》引揚雄《太玄
經》：「直，東方也，春也。質而未有文也」，「質直」二
字，似更符合孟子「以直養」之「直」。「以直養而無害」，
因「仁義禮智根於心」，氣當保其天命無欲、質而未文之態，
也就是善性未為五官四體之欲望所污染的狀態，就是朱子說的
「人得以生者」；氣乃得其正而無虧欠，就是朱子說的「天地
之正氣」。若是按這麼說，孟子養浩然之氣，首先是保持氣不

受身體慾望的干害，即不使「氣壹動志」。若說以念頭影響呼吸之氣，則是說意念引導身體以葆有、回復天性無欲、質而未文的狀態。

「以直養」與「以義養」又是什麼關係呢？「其為氣也，至大至剛……」之後，孟子接著說：「其為氣也，配義與道；無是，餒也。是集義所生者，非義襲而取之也。行有不慊於心，則餒矣」。氣本來是「至大至剛」，「以直養」所以回歸其正。「配義於道」，是「集義」的工夫，是要在「行」上下工夫的，否則這「氣」的架子雖未倒，內裡卻要敗了。

「氣」當然可以影響到「氣質」。「氣質」粗說來亦有兩解：一是有別於「義理之性」的「氣質之性」的「氣質」。在二程看來，人之性除了體現天理的義理之性外，還有肉身慾望主導的部分，這由人的生理欲望主導的部分叫氣質之性。但宋儒也有不這麼看的，朱子就不同意這麼分法，他贊成張橫渠的「心統性情」說，性是不分氣質和義理的，人欲是情在起作用。錢穆謂：「他們所謂『氣質』，即指軀體而言」（《陽明學述要》）。二是「變化氣質」的氣質，是人由心所發而呈現於容貌、辭氣、舉止、行為的整體風貌，是合內外的說法，與我們今天對氣質的理解差不多。宋儒對「變化氣質」是看得很重的，他們說：

學至氣質變，方是有功。（《宋元學案·明道學案》）

為學大益，在自求變化氣質。（近思錄，卷二，張橫渠

語）

學能變化氣質。（《象山全集》卷三十五）

君子所以學者，為能變化氣質而已。（《中庸章句》第二十章注引呂氏曰）

人之為學，卻是要變化氣稟，然極難變化。（《朱子語類》卷四）

君子以變化氣質為學。（《王守仁全集》卷九〈與胡伯忠〉）

氣質的變化，有用力之方，也有所表徵，如下引：

習到言語自然緩時，便是氣質變也。（《宋元學案·明道學案》）

變化氣質，但拂去舊日所為，便動作皆中理，則氣質自然全好。（張橫渠《理窟·氣質篇》）。

今日為學用力之初，正當學問思辨而力行之，乃可以變化氣質而入於道。（《朱子年譜》乾道八年〈答汪尚書書〉）

　　孟子性善，是從本原上說。然性善之端，須在氣上始見
得，若無氣亦無可見矣。（《傳習錄》【150】）

　　概括說，變化氣質所改善的，當然不會只是「軀體」；孟
子說：「中心達於面目」，是個觸動內心的改變而體現於言動
風貌的過程。氣可以對氣質產生影響，是從孟子開始說的：
「夫志，氣之帥也；氣，體之充也。夫志至焉，氣次焉」。這
是說，志，統帥指揮氣、指揮身心的合力。以氣引動身體，從
而影響到人的行為。伊川也贊同孟子的集義養氣說：「氣須是
養，集義所生，積習既久，方能生浩然氣象」。（轉引自錢穆
《中國學術思想史論叢》卷五〈二程學術述評〉，安徽教育
2004 年版，頁 127）。

　　通過養氣來變化氣質，一是「以直養」，二是「以義養」
（案即以善養），單取一邊的說法是不太可靠的。這也是發端
於孟子，為宋明儒所承繼發揮的變化氣質說。

朱陸辨太極圖說事略

前　言

　　陸象山在事後曾回述此論辯，略謂：「太極圖說乃梭山兄辨其非是，大抵言無極而太極是老氏之學，與周子《通書》不類。《通書》中太極不言無極，《易大傳》亦只言太極不言無極。若於太極上加無極二字，乃是蔽於老氏之學。又其圖說本見於朱子發附錄，朱子發明言，陳希夷太極圖傳在周茂叔，遂以傳二程，則其來歷為老氏之學明矣。周子《通書》與二程言論絕不見無極二字，以此知三公蓋已皆知無極之說為非矣。梭山曾與晦翁面言，繼又以書言之。晦翁大不謂然。某素是梭山之說，以梭山謂晦翁好勝不肯與辨，某以為人之所見偶有未通處，其說固以己為是、以他人為非，且當與之辨白，未可便以好勝絕之，遂尾其說以與晦翁辨白。有兩書甚詳，曾見之否？以晦翁之高明，猶不能無蔽，道聽途說之人亦何足以與言此哉。」（《象山全集》卷十五〈與陶贊仲書〉）

其　始

　　《象山年譜》淳熙十四年冬，有答朱元晦書。錄元晦書謂：「所論與令兄書辭費而理不明，今亦不記當時作何語，恐或實有此病，承許條析見教，何幸如之。虛心以俟，幸因早便見示。如有未安，卻得細論，未可便似居士兄遽斷來章也。」則，前元晦與梭山之論辯，乃梭山放棄了。此回論辯，是象山提起，元晦回應討論。

論　辯

　　《象山年譜》：淳熙十五年夏四月望日象山與朱元晦辨太極圖說，是為象山答書第一書。（總第一書）
　　書中記梭山意見：梭山兄謂「《太極圖說》與《通書》不類，疑非周子所為。不然，則或是其學未成時所作。不然，則或是傳他人之文，後人不辨也。蓋《通書》〈理性命章〉言：『中焉止矣』。二氣五行，化生萬物，五殊二實，二本則一，曰一曰中，即太極也，未嘗於其上加無極字。《動靜章》言五行陰陽太極，亦無無極之文。假令《太極圖說》，是其所傳，或其少時所作，則作《通書》時不言無極，蓋已知其說之非矣。」此言殆未可忽也。
　　象山意見大略：一、元晦所言「不言無極，則太極同於一物，而不足為萬化根本。不言太極，則無極淪於空寂，而不能為萬化根本」非是。因為：1、太極者，實有是理……其為萬

物根本，固自素定，其足不足，能不能，豈以人言不言之故邪？2、《易大傳》《洪範》皆言太極，不言無極。二、元晦所言「無極即是無形，太極即是有理」亦非是。因為：1、一陰一陽，已是形而上者，況太極乎。蓋指不必多一無極乃為形而上；2、極者，中也，言無極，則是猶言無中也，是奚可哉。無中，是不成話。三、朱子發謂濂溪得《太極圖》於穆伯長，伯長之傳，出於陳希夷，其必有攷。希夷之學，老氏之學也。無極二字，出於老子《知其雄章》，吾聖人之書所未有也。（按，老子書：「常德不忒，復歸於無極」）。

　　觀全書，象山詞氣尖銳，且對於元晦的論辯態度有不滿：「看人文字，未能盡彼之情，而欲遽申己意，是以輕於立論，徒為多說，而未必果當於理」。「向在南康，論兄所解告子『不得於言，勿求於心』一章非是，兄令某平心觀之，某嘗答曰：甲與乙辯，方各是其說。甲則曰願某乙平心也，乙亦曰願某甲平心也。平心之說，恐難明白，不若據事論理可也。今此急迫之說，寬心游意（今按，是朱子與梭山書中言）之說，正相類耳。論事理，不必以此等壓之，然後可明也。梭山氣稟寬緩，觀書未嘗草草，必優游諷詠，耐久紬繹。今以急迫指之，雖他人亦未喻也。」。

　　據象山答書第二書，淳熙十五年十一月八日元晦答象山第一書。（總第二書）

　　元晦致辨：後人可以言前人所未言：「以熹觀之，伏羲作《易》，自一畫以下，文王演《易》，自〈乾〉元以下，皆未嘗言太極也，而孔子言之。孔子贊《易》，自太極以下，未嘗

言無極也，而周子言之。夫先聖後聖，豈不同條而共貫哉！」以下，更由「則是所謂理有未明而不能盡乎人言之意者」條貫，共列七點意見：

1、至如北極之極，屋極之極，皇極之極，民極之極，諸儒雖有解為中者，蓋以此物之極，當在此物之中，非指極字而訓之以中也。極者，至極而已。（從略）

2、分辨《通書》〈理性命章〉等

3、無極二字，乃是周子灼見道體，迥出常情，不顧旁人是非，不計自己得失，勇往直前，說出人不敢說底道理，令後之學者，曉然見得太極之妙，不屬有無，不落方體。

4、《大傳》，既曰「形而上者謂之道」矣，而又曰「一陰一陽之謂道」，此豈真以陰陽為形而上者哉！正所以見一陰一陽雖屬形器，然其所以一陰而一陽者，是乃道體之所為也，故語道體之至極，則謂之太極，語太極之流行，則謂之道。雖有二名，初無兩體。

5、解釋：至熹前書所謂：不言無極，則太極同於一物，……。（從略）

6、「來書又謂《大傳》明言『易有太極』，今乃言無，何邪？此尤非所望於高明者」。

7、老子「復歸於無極」，無極乃無窮之義，……（從略）今乃引之而謂周子之言實出乎彼，此又理有未明而不能盡乎人言之意者。

淳熙十五年十二月十四日象山答書第二書（總第三書）。

此書措辭較生硬：「今閱來書，但見文辭繳繞，氣象褊

迫，其致辯處，類皆遷就牽合，甚費分疏，終不明白，無乃為無極所累，反困其才邪？」「揣量模寫之工，依放假借之似。」「尊兄之才，未知其與子貢如何？今日之病，則有深於子貢者。尊兄誠能深知此病，則來書七條之說，當不待條析而自解矣。」又套用朱子與陳同甫書之言「今亦欲得尊兄進取一步，莫作孟子以下學術，省得氣力為無極二字分疏，亦更脫灑磊落」云云。乃更有謂：「莫是曾學禪宗，所得如此？平時既私其說以自妙，及教學者，則又往往秘此而多說文義……只是葛藤末說，氣質不美者樂寄此以神其奸，不知繫絆多少好氣質底學者。既以病己，又以病人」云云。

所致辨者，1、「『於此有以灼然實見太極之真體』。某竊謂尊兄未曾實見太極，若實見太極，上面必不更加無極字，下面必不更著真體字。」2、極亦此理也，中亦此理也。……蓋同指此理，則曰極，曰中，曰至，其實一也。3、至如直以陰陽為形器，而不得為道，此尤不敢聞命。……（從略）4、「如所謂太極真體不傳之祕，無物之說，陰陽之外，不屬有無，不落方體，迥出常情，超出方外等語，莫是曾學禪宗，所得如此。」

又據《象山年譜》，此通答書後有「別幅」一段四百餘字，申道、器之辨。

淳熙十六年春正月，元晦答書第二書。（總第四書）

此書辭氣亦未能平和。「來書云：……更請詳看熹前書曾有無理二字否！」「來書云：『夫乾（至）自反也』。夫太極固未嘗隱於人，然人之識太極者，則少矣。往往只是於禪學中

認得箇昭昭靈靈能作用底，便謂此是太極，而不知所謂太極，乃天地萬物本然之理，亙古亙今，顛撲不破者也。『迥出常情』等語，只是俗談，即非禪家所能專有，不應儒者反當回避。況今雖偶然道著，而其所見所說，即非禪家道理，非如他人陰實祖用其說。而改頭換面，陽諱其所自來也。如曰：『私其說以自妙』，而又祕之；又曰：『寄此以神其姦』；曰『繫絆多少好氣質底學者』，則恐世閒自有此人可當此語。熹雖無狀，自省得與此語不相似也」。「老兄卻是先立一說，務要突過有若、子貢以上，更不數近世周、程諸公，故於其言，不問是非，一例吹毛求疵，須要討不是處。正使說得十分無病，此意卻先不好了。」

朱子已不願意再辨，此書之別紙謂：「來書之意，所以見教者甚至，而其末乃有『若猶有疑』，『不憚下教』之言，熹固不敢當此。然區區鄙見，亦不敢不為老兄傾倒也。不審尊意以為如何？如曰未然，則我日斯邁而月斯征，各尊所聞，各行所知，亦可矣！無復可望於必同也。言及於此，悚息之深，千萬幸察。」

至此而太極圖說論辨結束。

餘　音

約半年後，淳熙十六年秋七月四日象山與元晦書，似並不希望結束：「別紙所謂『我日斯邁而月斯征，各尊所聞，各行所知，亦可矣！無復可望於必同也』，不謂尊兄遽作此語，甚

非所望。君子之過也，如日月之食焉，過也人皆見之，及其更也，人皆仰之。通人之過，雖微箴藥，久當自悟。今尊兄必渙然與此矣。願依末光，以卒餘教。」但象山之論辯意並不全在論辯學術。《全集》卷九與林叔虎書：「與晦翁往復書，因得發明其平生學問之病。近得盡朋友之義，遠則破後學之疑、為後世之益」。「復晦翁第二書，多是提此學之綱，非獨為辨無極之說而已。」卷十〈與邵叔誼〉書：「得元晦書，其蔽殊未解，然其辭氣窘束，或恐可療也。某復書又加講明，並錄往，幸精觀之。」（同卷〈與江德功〉書亦謂：「副本錄在邵叔誼處。」。蓋象山復書多囑弟子往觀。）

　　《象山年譜》收入淳熙十六年秋八月六日元晦答象山書云：「某春首之書（案即元晦答書第二書），詞氣粗率，既發即知悔之，然已不及矣。」

　　至於元晦所以不欲再往復論辯之意，《象山年譜》所載元晦論學徒競辨之非答諸葛誠之書可資參考：「愚深欲勸同志者兼取兩家之長，不輕相詆毀，就有未合，亦且置勿論而力勉於吾之所急。吾人所學吃緊著力處，正天理人欲相去之間。如今之論，則彼之因而起者，於二者之間果何處乎？子靜平日自任，正欲身率學者於天理，不欲以一毫人欲雜於其間，恐決不至如賢者之所疑也。」

　　又據《象山年譜》，有學者因無極之辨貽書詆象山，元晦復其書云：「南渡以來，八字著腳，理會著實工夫者，惟某與陸子靜二人而已。某實敬其為人，老兄未可以輕議之也」。

附：總第三、第四兩書爭論之不愉快，由下引兩節可見：

象山第二書謂：夫〈乾〉，確然示人易矣。夫〈坤〉，憒然示人簡矣。太極亦曷嘗隱於人哉！尊兄兩下說無說有，不知漏洩得多少。如所謂太極真體不傳之祕，無物之說，陰陽之外，不屬有無，不落方體，迥出常情，超出方外等語，莫是曾學禪宗，所得如此！平時既私其說以自妙，乃教學者，則又往往祕此而多說文義，此漏洩之說所從出也。以實論之，兩頭都無著實，彼此只是葛藤。末說氣質不美者，樂寄此以神其姦，不知繫絆多少好氣質底學者！既以病己，又以病人，殆非一言一行之過。兄其毋以久習於此，而重自反也。

朱子第二書答：「夫太極固未嘗隱於人，然人之識太極者，則少矣。往往只是於禪學中認得箇昭昭靈靈能作用底，便謂此是太極，而不知所謂太極，乃天地萬物本然之理，亙古亙今，顛撲不破者也。『迥出常情』等語，只是俗談，即非禪家所能專有，不應儒者反當回避。況今雖偶然道著，而其所見所說，即非禪家道理，非如他人陰實祖用其說，而改頭換面，陽諱其所自來也。如曰：『私其說以自妙』，而又祕之；又曰：『寄此以神其姦』；曰『繫絆多少好氣質底學者』，則恐世閒自有此人可當此語。熹雖無狀，自省得與此語不相似也」。「子貢雖未得承道統，然其所知，似亦不在今人之後，但未有禪學可改換耳。」

朱子的「格物窮理」是什麼意思？

「格物窮理」出處是朱子《大學章句》注解「格物」的一段〈補傳〉，為便於檢視，再錄全文如下：

> 所謂致知在格物者，言欲致吾之知，在即物而窮其理也。蓋人心之靈莫不有知，而天下之物莫不有理，惟於理有未窮，故其知有不盡也。是以大學始教，必使學者，即凡天下之物，莫不因其已知之理而益窮之，以求至乎其極。至於用力之久，而一旦豁然貫通焉，則眾物之表裡精粗無不到，而吾心之全體大用無不明矣。此謂物格，此謂知之至也。

這就是引起很多討論的〈大學格物補傳〉。

首先，「格物」的「格」字是什麼意思？「物」又指的什麼東西？朱子在《大學章句》中注道：「格，至也。物，猶事也。窮至事物之理，欲其極處無不到也」。《朱子語類》（以下簡稱《語類》）卷十五說：「格物者，格，盡也，須是窮盡事物之理」。格，一說至，一說盡。窮至事物之理與窮盡事物之理，沒有什麼區別，都是要及「物」、即「物」，而窮其

理。格的是什麼物，窮的就是什麼理，所以重要的是此「物」何物？朱子注的是「物，猶事也」；又說：「窮理格物，如讀經看史，應接事物理會箇是處（這一句要連著讀，意思是，應接事物時要思考什麼是對的），皆是格物。只是常教此心存，莫教他閑沒勾當處」（《語類》卷十五）。按此，「物」是學習研究的物件，如經史；也是日常應接處理的事情。但〈補傳〉說的範圍卻很大：「即凡天下之物」，似乎是包羅萬象，認為其中包括了自然科學之理。這一點最容易引起後人誤解，王陽明認認真真格庭前竹子，亦是受這話的誤導。所以應該把朱子意思搞搞清楚。

　　朱子對格物之所舉例，只範圍於人文界內，與自然界鮮少關涉。如朱子廣為流傳的一句話，「今日格一物，明日格一物」，其實更多地是被誤解了。這話所對治者，乃是「人欲」：「聖賢千言萬語，只是教人明天理，滅人欲。天理明，自不消講學。人性本明，如寶珠沉溷水中，明不可見；去了溷水，則寶珠依舊自明。自家若得知是人欲蔽了，便是明處。只是這上便緊緊著力主定，一面格物。今日格一物，明日格一物，正如遊兵攻圍拔守，人欲自消鑠去。……常常存箇敬在這裏，則人欲自然來不得」（《語類》卷十二）。這裡說的物，當然不會是仰觀天文俯察地理研究自然科學之理以滅人欲。我們再看兩條：「如今說格物，只晨起開目時，便有四件在這裏，不用外尋，仁義禮智是也。如才方開門時，便有四人在門裏」（《語類》卷十五）。案，此條說格物的標準是仁義禮智，則「物」非在人文界之外可知。朱子又說：「物，謂事物

也。須窮極事物之理到盡處，便有一箇是，一箇非，是底便行，非底便不行。凡自家身心上，皆須體驗得一箇是非」（同上）。案，既然是論是非，這個「物」也是明確不會在自然界的。

不過，後人會將格物窮理外引到天地萬物去，一方面有朱子補傳中「即凡天下之物，莫不因其已知之理而益窮之，以求至乎其極」一語的誤導；另一方面，也源於朱子將格物工夫的著力處放到了身心之外：

「傅問：『而今格物，不知可以就吾心之發見理會得否？』曰：『公依舊是要安排，而今只且就事物上格去。如讀書，便就文字上格；聽人說話，便就說話上格；接物，便就接物上格。精粗大小，都要格它。久後會通，粗底便是精，小底便是大，這便是理之一本處。而今只管要從發見處理會，且如見赤子入井，便有怵惕、惻隱之心，這箇便是發了，更如何理會。若須待它自然發了，方理會它，一年都能理會得多少！』」（《語類》卷十五）

格物，是窮盡事物之理；此前的一段話說，理不必外尋，仁義禮智便現成是。窮理豈不是將心中之天理去「格」事物嗎？這與陽明「致吾心良知之天理於事事物物」，有何不同？「見赤子入井，便有怵惕、惻隱之心，這箇便是發了」，說直接依本心而行、不待安排，也都說得曉暢明白乾淨利落。可惜朱子說話，總要把萬事萬物歸進來：「就事物上格去。如讀書，便就文字上格；聽人說話，便就說話上格；接物，便就接物上格。精粗大小，都要格它」；反而會將讀者搞糊塗了。再

看下一條：

「問：『格物則恐有外馳之病？』曰：『若合做，則雖治國平天下之事，亦是己事。「周公思兼三王，以施四事。其有不合者，仰而思之，夜以繼日，幸而得之，坐以待旦。」不成也說道外馳』？又問：『若如此，則恐有身在此而心不在此，「視而不見，聽而不聞，食而不知其味」，有此等患。』曰：『合用他處，也著用。』又問：『如此，則不當論內，但當論合為與不合為』。先生頷之。」（《語類》卷十五）案：上文引用朱子的話，格物窮理須「凡自家身心上，皆須體驗得一箇是非」。這裡引的話，將格物引到了治國平天下上，則光說仁義禮智已經不夠用，且又有許多的不得已處；這光景，身心內外皆說不得了，只論當做不當做、合用不和用。上一條與此一條，見得朱子的工夫論雖然不能不歸結到仁義禮智不用外尋，卻總是側重在外用，這一點我們須注意。

現在要問，朱子的格物窮理，今日格一物明日格一物，怎樣才算是窮盡了，而「眾物之表裡精粗無不到，而吾心之全體大用無不明矣」？

伊川的話說得明白，先引在下面：「格物窮理，非是要盡窮天下之物，但於一事上窮盡，其他可以類推。至如言孝，其所以為孝者如何。如一事上窮不得，且別窮一事，或先其易者，或先其難者，各隨人深淺，如千蹊萬徑，皆可適國，但得一道入得便可。所以能窮者，只為萬物皆是一理，至如一物一事，雖小，皆有是理。」（《二程遺書》卷十五）。案：伊川說的格物窮理，窮的也是倫理。且明白說「非是要盡窮天下之

物，但於一事上窮盡，其他可以類推」。這和朱元晦的說法，「至於用力之久，而一旦豁然貫通焉」，是不同的。

朱子的意見如上文所引：「窮極事物之理到盡處，便有一箇是，一箇非，是底便行，非底便不行。凡自家身心上，皆須體驗得一箇是非」。案：窮理要窮到盡處，才見得一個是非，非窮到盡處不能決定行還是不行，這可就無法做了。況且，孟子說「是非之心，知之端也」，與朱子說的「如今說格物，只晨起開目時，便有四件在這裏，不用外尋，仁義禮智是也」，本來無不同，卻到這裡打起架來了。他又說：「而今說格物窮理，須是見得箇道理親切了，未解便能脫然去其舊習。其始且見得箇道理如此，那事不是，亦不敢為；其次，見得分曉，則不肯為；又其次，見得親切，則不為之，而舊習都忘之矣」（《語類》卷十五）。案：這麼說，三個階段，算是個轉圜。但如果不把「格」說成「窮盡、窮極」，定會更輕鬆。

朱子的格物窮理還有另一個很值得注意的方面：「問：『格物，還是事未至時格，事既至然後格？』曰：『格，是到那般所在。也有事至時格底，也有事未至時格底』」（同上）。案：這段話與上引的幾條也有些搭不上，但對於全般瞭解朱子格物工夫卻很重要。朱子說格物有在事至時、也有在事未至時，事未至，當然是外面的事還沒遇上，即是說未曾接物。未曾接物怎麼格物？這裡便是說的心性工夫，事未發生而在心裡默想著、模擬著、體驗著。至少我們可以看到朱子的格物工夫有這樣一個方面。

最後引王陽明《大學問》中的一段話以參驗：「物者，事

也，凡意之所發必有其事，意所在之事謂之物。格者，正也，正其不正以歸於正之謂也。」案，「意所在之事」，就是朱子「事未至時」所格的事；「正其不正以歸於正」，與朱子的「舊習都忘」，同一效果。雖然，陽明是在意上當時下格物工夫，朱子要經過「道理如此、道理分曉、道理親切」的三個階段。儒家工夫畢竟殊途同歸。

「窮理三階段說」，也許就是朱元晦在說「因其已知之理而益窮之，以求至乎其極」的時候，心裡所惦記著的格物窮理過程吧。

朱子的治學綱領

　　學者頗有謂朱子一生的治學綱領，大抵不出伊川所說的「涵養須用敬，進學則在致知」。余竊有疑於此，故略作點滴探索。《朱子語類》卷十二載：

> 陳一之求先生（朱子）書「涵養須用敬，進學則在致知」字以為觀省之益。（朱子）曰：「持敬不用判公憑」。終不肯寫。

　　不肯寫的原因是什麼呢？朱子回答的意思是持敬是各人自己的事，不需要討一個如官方檔似的通用規則。同條之上有文甚長：

> （朱子曰：）大凡學者須先理會「敬」字，敬是立腳去處。程子謂：「涵養須用敬，進學則在致知」，此語最妙」。或問：「持敬易間斷，如何？」曰：「常要自省得。才省得，便在此。」或以為此事最難。曰：「患不省察爾。覺得間斷，便已接續，何難之有！」「操則存，舍則亡」，只在操舍兩字之間。要之，只消一個

「操」字。到緊要處，全不消許多文字言語。若此意成
熟，雖「操」字亦不須用。「習矣不察」，人多錯看此
一語。人固有事親孝，事兄弟，交朋友亦有信，而終不
識其所以然者，「習矣，而不察也」。此「察」字，非
「察物」之「察」，乃識其所以然也。習是用功夫處，
察是知識處。今人多於「察」字用功，反輕了「習」
字。才欲作一事，卻又分一心去察一心，胸中擾擾，轉
覺多事。如張子韶說論語，謂「察其事親從兄之心，靄
然如春，則為仁；肅然似秋，則為義」。只要自察其
心，反不知其事親、從兄為如何也。故夫子教人，只說
習。如「克己復禮」，是說習也；視聽言動，亦是習；
「請事斯語」，亦是習。孟子恐人不識，方說出「察」
字，而「察」字最輕，「習」字最重也。

　　這一段話先後有一轉折，不容易看得明白。「持敬易間
斷」是做工夫時普遍會遇到的困擾，朱子告之以要能夠「自
省」，一自省就持敬了。見或人說難，便又換個說法道：「患
不省察爾」，意思是一旦覺察到「間斷」，就是接續上了，
「持敬」就繼續著了。這裡的「省察」，是「自省」的意思；
「察」字與下文「習矣不察」的「察」字不同。朱子認為，學
問要重在「習」，平淡無常只知做去；明白了事之所以然，叫
「察」。人盡有孝父母、事兄弟、信朋友的，卻未必知道為什
麼要這麼做，這就叫「習矣不察」。涵養的工夫要做到「只要
自察其心」，「到緊要處，全不消許多文字言語」。朱子說習

字最重、察字最輕，道理在這裡。就此來說，朱子不肯為陳一之書此句，似認為贈人「涵養須用敬，進學則在致知」，恐人重在「察」上，而忽略了「習」。故朱子只說程子的話「此語最妙」，言外似乎程子這兩句亦在「習」的強調上有所不夠。

朱子說的「涵養」，就是「持敬」：「學者當知孔門所指求仁之方，日用之間，以敬為主。不論感與未感，平日常是如此涵養，則善端之發，自然明著」（《語類》卷十二）。「日用之間」，自然是待人接物了。「感」，是念頭思慮有所感；「未感」當然是靈明未曾接物的狀態。朱子意見，無論接物不接物，有事無事，甚至感與未感，都要以敬涵養。又說：「涵養之則，凡非禮勿視聽言動，禮儀三百，威儀三千，皆是」（同上）。又說：「無事時敬在裏面，有事時敬在事上。有事無事，吾之敬未嘗間斷也」（同上）。朱子又說：「亦須一時並了，非謂今日涵養，明日致知，後日力行也。要皆以敬為本」（《語類》卷八）。按此來說，涵養與致知平列也容易引起學者誤會，應「以敬為本」。敬而未嘗間斷，簡潔說當然是「持敬」，持敬即是涵養。

與「涵養」、「敬」並舉的，朱子還有多種搭配，如說「學者工夫，唯在居敬、窮理二事」（《語類》卷八）；是居敬與窮理。「敬字通貫動靜，但未發時則渾然是敬之體，非是知其未發方下敬底工夫也。既發則隨事省察，而敬之用行焉」（《文集》卷四三）；是敬與省察。「致知、敬、克己，此三事，以一家譬之：敬是守門戶之人，克己則是拒盜，致知卻是去推察自家與外來底事。伊川言：『涵養須用敬，進學則在致

知。』不言克己。……敬則無己可克」（《語類》卷九，學
三）；是敬與致知。「涵養須用敬，處事須是集義。」（《語
類》卷十二）；是涵養與處事，敬與集義。在朱子的治學綱領
中，「涵養」早已確定，亦是程門家法；但似乎並不能全然涵
括朱子的綱領，故其一生不止歇地探索於此。

　　朱子易簀之年有〈答廖子晦書〉，可謂為「朱子晚年定
論」，其中論及學問工夫道：「雖以子思、周子吃緊為人，特
著《中庸》、《太極》之書，以明道體之極致，而其所說用功
夫處，只說擇善、固執、學問、思辨而篤行之，只說定之以中
正仁義而主靜、君子修之吉而已，……若論功夫，則只擇善固
執、中正仁義，便是理會此事處，非是別有一段根原功夫，又
在講學應事之外也。如說求其放心，亦只是說日用之間，收斂
整齊，不使心念向外走作，庶幾其中許多合做底道理，漸次分
明，可以體察。」能夠符合這段話的治學綱領，大概只有「涵
養」與「持守」兩語；涵養包括「主靜、不使心念向外走
作」，持守包括「擇善固執、講學應事」。朱子謂：「平日涵
養之功，臨事持守之力。涵養、持守之久，則臨事愈益精明。
平日養得根本，固善；若平日不曾養得，臨事時便做根本工
夫，從這裏積將去，若要去討平日涵養，幾時得！」（《語
類》卷十二）

　　朱子這話，將治學分為「平日」與「臨事」兩種情景：一
為無事時如「子之燕居」，涵蓋了起居靜坐與讀書窮理；一為
待人接物之時，則貫徹其知，擇善固執。作為綱領或宗旨，兩
種生活的情景或狀態可以覆蓋學者的全部，而不似「持敬」貫

穿全般無分別，又不似「致知」、「克己」、「集義」等分量上不平衡。同時，涵養與持守兩者，也反應了兩種側重：涵養側重在內、在靜；持守側重在外、在動。但此種側重按朱子的意思嚴格說來是不應有分別的，而朱子又很希望學者的治學能從內外動靜上有所區別。

故以「平日涵養之功，臨事持守之力」為朱子治學綱領，似尚可存一說。

不過，從這裡也可以看出朱子治學綱領上的缺陷來。「持守」是「平日不曾養得」臨事才需要出現的，而朱子說的「臨事時便做根本工夫」，這從理論上說不通。與《中庸》所說的：「道也者不可須臾離也，可離非道也」，不無一間之隔。此其一。涵養是根本工夫，臨事也可以做根本工夫，平日工夫就非必然的了，學者何以適從？此其二。回顧朱子一生治學，在綱領或說宗旨上，始終徘徊於此兩端內外之間。其得失，固不是此一短文所可詳及，但以此兩言歸納朱子之治學宗旨，似尚可與古人商量也。

札記一束

讀四書札記

所謂儒學，是探討道德之根源與存在，並實踐之，以期在自身呈現與實現。

讀四書法：初為文解，次為理解，再次心解。

孔子永遠活在當下；隨時面對真實的自己；發現並持續流露靈感。

《論語》直寫出孔子生命，安得之而可不以生命讀？一部論語，看到的是自家事。是所以政治家看到治天下，理學家看到理，道德家看到見南子，北大教授李零看到喪家狗。《論語》是所以常讀常新。

《論語》中見孔子與《易》：《易·恒卦》九三、六五皆有「恒其德」。子路篇「不恒其德，或承之羞」為九三爻辭。「不占而已矣」，謂不占已然，無待於占也。

　　覺悟所悟即是性善，性善即是同然之心，即人人相同之心。

　　佛家謂「心性」、「覺性」人皆相同者，在儒家看即此同然之心，是無分別心，無聖無凡，即此善性。

　　如說「心統性情」，則所謂「本心」可作其中的性看。

　　性善由無念發。無念，是斷開不善的連接。

　　佛家也說斷開，不過是說斷開一切念。唐裴休所記黃蘗《傳心法要》，開首便道：「當體便是，動念即乖，猶如虛空，無有邊際，不可測度，唯此一心即是佛。」佛家只說斷開這一截，倒也說得乾脆。

　　儒家說斷開，如《象山學案》謂先生舉〈公都子問鈞是人也〉一章云：「人有五官，官有其職。」子南因思是便收此心，然惟有照物而已。他日侍坐先生，無所問，先生謂曰：「學者能常閉目亦佳。」某因此無事則安坐瞑目，用力操存，夜以繼日，如此者半月。一日下樓，忽覺此心已復澄瑩中立，竊異之，遂見先生。先生目逆而視之，曰：「此理已顯也。」某問：「先生何以知之？」曰：「占之眸子而已。」因謂某：「道果在邇乎？」某曰：「然。昔者嘗以南軒張先生所類洙泗言仁書考察之，終不知仁，今始解矣。」先生曰：「是即知也，勇也。」某因言而通，對曰：「不惟知、勇，萬善皆是物也。」先生曰：「然。更當為說存養一節。」斷開後是要見到東西的：「此理已顯」，有仁、有知、有勇、有萬善。同書下一段說到「仁義禮智」是「本心」，仁義禮智當然是善，由不可見到可見。四明楊敬仲時主富陽簿，攝事臨安府中，始承教

於先生。乃反富陽，先生過之，問：「如何是本心？」先生曰：「惻隱，仁之端也；羞惡，義之端也；辭讓，禮之端也；是非，智之端也。此即是本心。」對曰：「簡兒時已曉得，畢竟如何是本心？」凡數問，先生終不易其說。敬仲亦未省。偶有鬻扇者，訟至於庭，敬仲斷其曲直訖，又問如初。先生曰：「聞適來斷扇訟，是者知其為是，非者知其為非，此即敬仲本心。」敬仲大覺，忽省此心之無始末，忽省此心之無所不通。先生嘗語人曰：「敬仲可謂一日千里。」

儒家見到本心善性，繼續「存養」的工夫是必須的，由有念達於無念，無念之後須有念，由有念而復歸於無念；儒家工夫似可以此為終始，然後可以說「復性」。

儒佛之異在此。

徐復觀《中國人性論史》第九章中有兩段話說得精：「《大學》所說的正心，如前所述，應分作兩階段看。第一階段的正心，乃是本心的自己發露，以保持心在生命中應有的地位；此時正心的工夫，可以不涉及誠意。若無此段本心發露的工夫，則意可能不是心之所發，而係生理欲望之所發，意便不可憑信。心因與事物相接，發而為意，而易與把握；但心亦因與事物相接，事物同時可以誘發生理的欲望，心因生理欲望的乘機竊發而亦易於遷移。所以發露出來的心，在意的地方，常是流轉不定，時現時隱的。為使與事物相接之心，不被生理欲望所遷移，便須在由心所發之意的地方，作一番『誠』的工夫。誠意是正心的第二階段。誠意在孔子為『主忠信』，在中庸為『慎獨』，在孟子則為『持志』。」（頁283）

「孔子的思想，雖以仁為出發點，為終結點；但同時非常重視學，重視知。《大學》裡『欲誠其意者先致其知』，正是直承孔子之教。知識在誠意的第一階段中可不必要；但在第二階段中，則成為必要。當然，以上所說的兩階段，只是把工夫發展的狀態，作易於明瞭的，方便性的陳述。但在實際的工夫上，不會有這種明白的劃分的。」（頁 287）。這分明是說：以無念正心，以有念誠意。

錢穆則認為儒家始終以有念為連貫：「將欲於歷史研究得神悟妙契，則必先訓練其心智習為一種綜合貫通之看法。請再就內心默觀之一事論之。若僅就心相變化分別體玩，則前念後念倏起倏滅，剎那剎那各歸寂盡。然若就心相變化綜合而通看之，則心包性情，自有條貫，並非念念無常，而乃生生不息。念念無常者，前念後念，各自獨立，不相滲透，不相融貫。生生不息者，前後念際自有生機，融通貫注。儒釋之辨，即在於此。」（〈中國今日所需要之新史學與新史學家——本文敬悼故友張蔭麟先生〉）。兩念之間，便是無念，這裡只是把有念說得重了。

未發之中：《中庸》：「喜怒哀樂之未發謂之中」，未發無物不可覺知，姑且稱為「情感源」。「發而皆中節謂之和」，喜怒哀樂一發出來就「中節」、就「和」，則情感源雖未發都已經「中」了。若是如此，也就沒有做工夫的必要了。工夫要解決的是，發出來不「和」的喜怒哀樂，未發是如何收拾它？是此「情感源」在未發、未與物接時，便須有一番調

停。喜怒哀樂既未發，何以知其有而調停之？孟子把「乍見」
孺子入井生出的惻隱之心稱為「仁之端」，人人皆有仁義禮智
之「四端」。「乍見」的時候，發出了惻隱之心，「乍見」之
後，種種考慮，要保持一份仁心就不容易了。龜山先生說的
「觀喜怒哀樂未發時氣象」，應該是在未發時引導「情感源」
在惻隱、羞惡、恭敬、是非的「四端」上體悟涵養，養此「未
發之中」。若時時讓自己的心保持在此未發之中，情感源發動
時便易於近「和」。

「持靜」難；「持敬」易。有意於持，即不是靜；持敬易
者，正須有意。

靜時無念，便入於釋氏和養生家之途。終究是敬字好，只
一念，提撕警覺。

《大學》：「止於至善」，「至善」實在不是常人所敢自
許的，這個「止」字只能仰望。「知止而後有定」至「慮而後
能得」，按照這幾句做起來，止定靜安慮得，當作首尾迴圈來
看，得而後亦當修止。知止云云，是隨時止，不當與「止於至
善」之「止」同觀。得中當修止，使不至於紛紜；止中當修
得，使止有所在。

讀書做加法，養心做減法，讀養兼用做乘法，緣為分母做
除法。

　　陸九齡詩：「古聖相傳只此心」，象山以為有病。按「祖師唯傳一心，更無二法」等語本是禪家物，故象山不許。象山詩：「斯人千古不磨心」，回歸了儒家立足於人的立場。此心本有，不待相傳。

　　智顗《小止觀坐禪法要》卷上〈調和第四〉，有言調睡眠。中有言，「若眠寐過多，非唯廢修聖法，亦復喪失功夫，而能令心闇昧，善根沈沒。」佛家之重視控制睡眠有如此。孔子直以「朽木不可雕也，糞土之牆不可汙也」斥宰予晝寢，向所未解，讀智顗書，似有所入。

　　《邱祖全書》記有王重陽〈打坐篇〉，謂「世之打坐者，行體端莊，合眼瞑目，此假打坐也。真打坐，二六時中，行住坐臥，心似泰山，不動不搖，六根不出，七情不入；素富貴行乎富貴，素貧賤行乎貧賤，素夷狄行乎夷狄，素患難行乎患難，無入而不自得焉。能如此者，身處塵世，名列仙班……」云。
　　可惜吾儒或未必讀出此中消息。

　　五十而知天命，六十而耳順。
　　天命人性、性與天道，是大道理，知天命是知得大道理；周遭聲音、身邊營營，是小道理，故耳順是小道理。
　　小道理盡有比大道理難知的。

讀《二程遺書》卷十八蘇季明問章

　　蘇季明問：「中之道與喜怒哀樂未發謂之中，同否？」曰：「非也。喜怒哀樂未發是言在中之義，只一個中字，但用不同。」或曰：「喜怒哀樂未發之前求中，可否：？」曰：「不可。既思於喜怒哀樂未發之前求之，又卻是思也。既思即是已發。思與喜怒哀樂一般，才發便謂之和，不可謂之中也。」又問：「呂學士言：『當求於喜怒哀樂未發之前。』信斯言也，恐無著摸，如之何而可？」曰：「看此語如何地下。若言存養於喜怒哀樂未發之時，則可；若言求中於喜怒哀樂未發之前，則不可。」又問：「學者於喜怒哀樂發時固當勉強裁抑，於未發之前當如何用功？」曰：「於喜怒哀樂未發之前，更怎生求？只平日涵養便是。涵養久，則喜怒哀樂發自中節。」或曰：「有未發之中，有既發之中。」曰：「非也。既發時，便是和矣。發而中節，固是得中，時中之類。只為將中和來分說，便是和也。」

　　今按，伊川意思，喜怒哀樂的前身，那個「感情源」就在那兒，所以說「在中」，是只有中的狀態而無喜怒哀樂。一發，才有喜怒哀樂，就不是未發之中，而成了既發之中了。若要想在喜怒哀樂之前去找它，伊川說是「思即是已發」，一想要找那狀態，那狀態已經不在了。所以伊川挺不容易地說：「於喜怒哀樂未發之前，更怎生求？只平日涵養便是」。但是問題並沒有解決，究竟有沒有「喜怒哀樂之未發」這樣一種東西呢？又怎麼樣做這涵養的工夫呢？

　　徐復觀先生以為，「程伊川對中和思想的最大誤解，是把『思』與『喜怒哀樂』，混為一物」，原因是「他們不在『喜怒哀樂』上著眼，卻只在『未發』『已發』上著眼；遂於不知不覺之間，把『思』與喜怒哀樂，混為一談，認為『思即是已發』，於是對於『中和』之『中』的參證，連思也不敢用上」（《中國人性論史》頁 129）。但依我看，伊川實未將思與喜怒哀樂混而為一，他只是將「思」以求喜怒哀樂，認為一動心要去求即失去了未發的條件了，就不可稱為「未發」。伊川說的「思與喜怒哀樂一般」，是指的在「才發便謂之和」這一點上相同。當然，復觀先生認為伊川求未發之中卻「連思也不敢用上」，是說得很準的。

　　思之已發，不是喜怒哀樂之已發；思發，是要求中，喜怒哀樂依然未發，這很明顯。伊川無法否認有這個東西在。於是在蘇季明的追問下，似乎只有招架之力。全章如下：

　　季明問：「先生說喜怒哀樂未發謂之中是在中之義，不識何意？」曰：「只喜怒哀樂不發，便是中也。」曰：「中莫無形體，只是個言道之題目否？」曰：「非也。中有甚形體？然既謂之中，也須有個形象。」曰：「當中之時，耳無聞，目無見否？」曰：「雖耳無聞，目無見，然見聞之理在始得。」曰：「中是有時而中否？」曰：「何時而不中？以事言之，則有時而中。以道言之，何時而不中？」曰：「固是所為皆中，然而觀於四者未發之時，靜時自有一般氣象，及至接事時又自別，何也？」曰：「善觀者不如此，卻於喜怒哀樂已發之際觀之。賢且說靜時如何？」曰：「謂之無物則不可，然自有知覺

處。」曰：「既有知覺，卻是動也，怎生言靜？人說『復其見天地之心』，皆以謂至靜能見天地之心，非也。〈復〉之卦下面一畫，便是動也，安得謂之靜？自古儒者皆言靜見天地之心，唯某言動而見天地之心。」或曰：「莫是於動上求靜否？」曰：「固是，然最難。釋氏多言定，聖人便言止。且如物之好，須道是好，物之惡，須道是惡。物自好惡，關我這裡甚事？若說道我只是定，更無所為，然物之好惡，亦自在裡。故聖人只言止。所謂止，如人君止於仁，人臣止於敬之類是也。《易》之〈艮〉言止之義曰：『艮其止，止其所也。』言隨其所止而止之，人多不能止。蓋人萬物皆備，遇事時各因其心之所重者，更互而出，才見得這事重，便有這事出。若能物各付物，便自不出來也。」或曰：「先生於喜怒哀樂未發之前下動字，下靜字？」曰：「謂之靜則可，然靜中須有物始得，這裡便（一作最）是難處。學者莫若且先理會得敬，能敬則自知此矣。」或曰：「敬何以用功？」曰：「莫若主一。」

　　觀喜怒哀樂未發時，伊川上一節說要「涵養」，到這一節改說「於喜怒哀樂已發之際觀之」。怎麼觀呢？說不下去，便從「靜」字說起：一說「動中求靜」，難；二說「靜中須有物」，難。結論是全般放棄觀未發氣象：「學者莫若且先理會得敬」。

　　但是，伊川所指的「在中」的狀態，又不純是不思不慮的，下面說：

　　季明曰：「昞嘗患思慮不定，或思一事未了，他事如麻又生，如何？」曰：「不可。此不誠之本也。須是習。習能專一

時便好。不拘思慮與應事，皆要求一。」或曰：「當靜坐時，物之過乎前者，還見不見？」曰：「看事如何？若是大事，如祭祀，前旒蔽明，黈纊充耳，凡物之過者，不見不聞也。若無事時，目須見，耳須聞。」或曰：「當敬時，雖見聞，莫過焉而不留否？」曰：「不說道非禮勿視勿聽？勿者禁止之辭，才說弗字便不得也。」

　　有事時不見不聞，無事時須見須聞。這段話也是含糊。《朱子語類》有一段話說到了這裡：「舊看程先生所答蘇季明喜怒哀樂未發，耳無聞、目無見之說，亦不甚曉。昨見先生（今按，指朱子）答呂子約書，以為目之有見，耳之有聞，心之有知，未發；與目之有視，耳之有聽，心之有思，已發，不同，方曉然無疑。」（《語類》卷九十六）。照此來理解，無事時有見、有聞、有知屬未發，有事時有視、有聽、有思屬已發。這是以靜坐無事時有見聞有靈明之知，對伊川之說作了修改，其實不能無思。

　　善哉徐氏之言：「『中和』之中的實體，即中庸之智仁勇，即孟子的仁義禮智的四端。孟子分明說『心之官則思。思則得之，不思則不得也』（告子上）；『得之』的『之』，在孟子指的是仁義禮智的四端；在中庸即指的是知、仁、勇」（同上，頁 130）。徐氏意見，智仁勇需要思才能得；便是以慎獨工夫，在「意念初動的時候，省察其是出於性？抑是出於生理的欲望？（同上，頁 124）」，而後能顯現出天命之性。這裡就先要「思」來發揮作用了。伊川、元晦說的聞見，今天的話是意念、念頭，非實境，是《大學》的「誠意」之

「意」，但在《中庸》，只說「不睹不聞」。徐氏所說的意念初動時的省察，似應當發生在這裡。極需要注意的是，伊川說的「知覺」、「動中求靜」、「靜中須有物」，朱子說的「已發未發不合分作兩處」（見《語類》），其實是先有個不追逐意念的「準靜態的情感源」，因為是「準」，所以並不是不動無物，所謂〈復卦〉的一陽在下便是此意。這是靜坐的一境。靜坐的另一境，才是由未發到已發，才有對念頭的省察，才有慎獨。朱子並有下一段分說，對把握伊川答蘇季明的話有幫助：用之問「蘇季明問喜怒哀樂未發之前求中」一條。曰：「此條記得極好，只中間說『謂之無物則不可，然靜中須有個覺處』，此二句似反說。『無物』字，恐當作『有物』字。涵養於喜怒哀樂未發之前，只是『戒慎乎其所不睹，恐懼乎其所不聞』，全未有一個動綻。大綱且約住執持在這裡，到慎獨處，便是發了。『莫見乎隱，莫顯乎微』，雖未大段發出，便已有一毫一分見了，便就這處分別從善去惡。『雖耳無聞，目無見，然見聞之理在始得。』雖是耳無聞，目無見，然須是常有個主宰執持底在這裡，始得。不是一向放倒，又不是一向空寂了。」（《語類》卷九十六，程子之書二）

丙　組

儒家靜坐工夫易簡圖文

一、正姿勢

　　盤坐由人掌交疊，涵胸拔背臂自垂，

　　脊柱頸椎宜其正，閉目收視鬆如頹。

　　1、盤坐由人掌交疊：可以坐在不高於膝蓋的椅子上，左右手掌向上交疊，左掌在上或右掌在上都可以。或者盤腿坐，交腿坐或疊腿坐都可以。交腿坐有單盤、雙盤（即跏趺），疊腿坐也叫散盤，可以根據自己的條件任意選擇。選擇盤腿坐的時候，左腳在上時右掌放置在左掌之上，右腳在上時左掌放置在右掌之上，掌心都朝上。（見圖 1-1）

　　2、涵胸拔背臂自垂：「涵胸」，是胸不挺、不塌，自然放鬆微微有收束感。涵胸自然就拔背了。雙掌交疊後手臂自然垂放，不可夾緊兩脅，也不可繃緊擺姿勢，這時輕鬆地形成一個弧圈。（見圖 1-2）

圖 1-1、正面盤腿疊掌
（散盤）

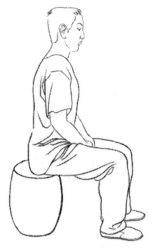

圖 1-2、側面正坐疊掌
（座上圖）

圖 1-3、側面盤腿坐圖（脊椎要正）

　　3、脊柱頸椎宜其正：脊柱和頸椎，要正，從側面看去脊椎不是直，是有一個自然的彎曲度。有一種辦法是坐直了以後上身向前傾斜 45 度，之後腹部不動，把胸回復到舒適的位置。脊椎前後的彎曲度不需要刻意去把捉，到一定的時候，脊椎會自己調整好。這裡的關鍵是頸椎脊椎都擺正，保持正。（見圖 1-3）

　　4、閉目收視鬆如頹：目以輕閉為好。「收視」，是把閉目也可能看到的影像同時摒除不見。坐好後，全身放鬆，從頭頂開始，臉部頸部依次而降，直到腳趾；一再地放鬆，讓姿勢保持鬆弛舒適，一旦發覺緊繃，便再次放鬆。

二、習呼吸

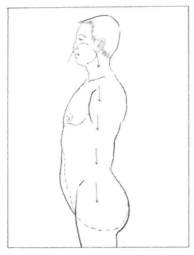

圖 2-1、入息圖

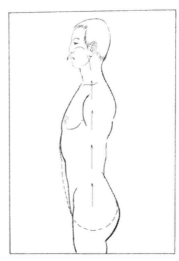

圖 2-2、出息圖

1、練習呼吸：指的是練習腹式呼吸，經過練習，使得呼吸深長。

入息要點：吸氣下行，引向會陰，腹部隆起，身體膨脹。（見圖 2-1）

出息要點：呼氣減壓，下腹先虛，會陰微覺，身體收縮。（見圖 2-2）

經過練習，使腹式呼吸成為自然。正常成年人每分鐘呼吸的次數是十五次左右，練習一段時間後，可以減少呼吸的頻度，使氣息漸漸深長。

2、調息：從注意呼吸開始，關注由鼻子呼吸的程度漸漸減輕，感受全身的皮膚在呼吸，而身體在相應地脹與縮。調息和諧之後，忘了它，忘了呼吸，忘了調息。

三、收放心

1、調整好姿勢，調整好呼吸，一旦安靜下來，會注意到各種念頭紛至遝來，而在平時我們甚至不會知道原來有這麼多的念頭來來去去。人在這裡坐，心在身外遊，孟子說：「人有雞犬放，則知求之；有放心，而不知求。學問之道無他，求其放心而已矣。」就是教人把放在外的心收回來。（見圖 3-1）

圖 3-1、收放心圖（光明）

在學習深呼吸的時候，我們實際上是在學習管理自己的「氣」。把心收回來，要有一個著落點，讓心掛在著落點上，這叫「執一」。執一有兩個辦法：氣息在腹與氣息在鼻。

氣息在腹：注意力集中在腹部，肚臍下三個手指的位點，即氣海，或稱下丹田。全心注意氣海的一起一伏。（見圖 3-2）

圖 3-2、下丹田（氣海）示意圖

　　氣息在鼻：鼻端在吸氣時有一絲涼意，呼氣時有一絲暖意。全心注意這一涼一暖。

　　2、回到方法。無論用上述哪一種方法，當發現心念離開方法時，馬上回到方法，再次將注意力集中在腹部的起伏或是鼻端的涼暖。有雜念是正常的，應該高興自己具備了發現「放心」的能力了。

　　學習的過程，就是不斷地回到方法。（見圖 3-3、3-4）

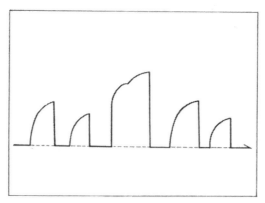

圖 3-3、初期的念頭與方法

（橫線表示方法，曲線表示念頭。初期念頭偏離方法密而大）

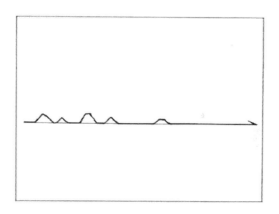

圖 3-4、後期的念頭與方法（後期念頭偏離方法漸漸變小）

四、收與放

　　1、執一的狀態練習漸漸熟後，將放在腹部或鼻端的注意

力減少，嘗試把注意力平鋪到身體的其他部位。收回來的「放心」微微放鬆，心念由集中到虛化，由一點散開而不氾濫。當於此處體會先賢所謂的「提撕」、「惺惺著」。

注意力平鋪的結果，沒有特別注意到身體某一方面的功能。視聽言動之機能皆有而未用；視聽言動之靈明皆在而未動。前人稱這感知為「虛明寂定」、「靈明覺知」。集中於感知，就是「知」。

「知」是光明，籠罩一身。

2、「收放心」之後對心的約束漸次放寬，忘記呼吸，忘記身體。專注於「知」。（見圖 4-1、4-2）

一念光明之中，心可以不受身的束縛，可以注意到天地四方、古往今來。身與心，沒有內外的阻隔。「知」是通透的。

圖 4-1、通透（微有身形）

圖 4-2、通透（內外皆白）

五、溫煦的「知」

「知」是白色的。光明籠罩。

白光其實是七色光，選擇暖色光，橙黃色，留住它。

像是飽和溶液，看不到沉澱物，而一切都在其中。待到微微有一震動，就看到了沉澱物析出。

沉浸在溫煦（煦煦之謂仁：【說文】一曰溫潤也。）中。盡可能長時間地沉浸在溫煦中。

由光明到溫煦，是身心最舒泰的時刻。

如下圖：

圖 5、溫煦

這時候，你其實是被善籠罩了，沉浸在善的世界裡。你當然會體悟到，只有美好的情景可以與此境界相融而不悖。反之，就會破壞。這就是存善去惡。

所好者善，所惡者惡，不假思慮。

光明，無物有我。（如圖 3-1）

通透，無物無我。（如圖 4-1、4-2）

溫煦，非無物非無我。（如圖 5）

六、思

雜念是不由自主、旋起旋滅的，所以雜念不是「思」。只有心引導著的念頭，才可稱為「思」。

上面說到的「回到方法」，就是不斷地去除雜念，準備用「思」來代替它們。下面介紹兩種「思」的方法：

1、引導念頭，從引發惻隱、羞惡、恭敬之情開始。

惻隱：念母情深，最是不忍，推擴而大，及於他人。

羞惡：見人作惡，如己作惡，心生慚愧，嫉惡從善。

恭敬：如在殿堂，祭祀迎賓，即畏即敬，不即不離。

2、在靈覺呈現的境界中，在「知」的光明中，將日常情景中呈現的善念與惡念，隨緣一一梳理。但在這裡，並不需要補充知識，因為你會發現，善與惡其實是早就知道的，不過是在事到臨頭的時候，習慣與功利計較總是在第一時間發生著作用。現在，我們有機會安靜地從開始的地方審視它們。從這裡體會「是非之心」。

反躬自省，便看到前往「至善之地」的沿途風光。

七、尋找「第一反應」

孔子說：「生而知之者，上也；學而知之者，次也；困而學之，又其次也」。生而知之不是說天生具備了所有的知識，而是說其心性之善不待學而純善。如孟子說的：「舜之居深山之中，與木石居，與鹿豕遊，其所以異於深山之野人者幾希。及其聞一善言，見一善行，若決江河，沛然莫之能禦也。」

唯有大聖大賢才能動念純善，處事應手而無不在天理。不過孔子也不並自認為聖，他說「四十而不惑，五十而知天命，六十而耳順，七十而從心所欲不逾矩。」怎麼做怎麼對，孔子也要到了七十歲才能做得到。《中庸》謂：「誠者，天之道也；誠之者，人之道也。誠者不勉而中，不思而得，從容中道，聖人也。誠之者，擇善而固執之者也。」

學者擇善固執，歷久而或能夠怎麼做怎麼對，得到「正確的第一反應」。

我們的第一反應常常被「利」所驅動，被慾望所驅動。當我們經歷了學習，更多地呈現第一反應，才能處心常在善中，接事時，順心而發，莫非是善。

這是儒家工夫的最高境界。

風　語

　　儒學乃身心性命之學，其核心部分，必須經由自己的「親密修證」（錢穆語）乃能領悟。未經自己在身心性命上下一番修證領悟工夫，其說儒學，可以看上去很像，不過大概近似，「猜」（徐復觀語）而已。

　　儒家心性修養工夫可方便地稱之為「儒家工夫」。修習儒家工夫，一入手便有四益：1、騰出時間來照顧自己的心，是個好習慣。2、修習簡單而偏差最小。3、安靜處檢視自己的本心與言行，見得善惡明白。4、使人自尊自信。

　　對於心性之體悟，亦得稱之為心性工夫，指的是：我們的心可以辨別出善與惡，可以通過調整我心的好與惡，使得我心好善惡惡，進而存善去惡，乃得使我心常處於善、習於善。當我們努力於此，便可稱為「做工夫」。

　　去惡由反躬自省開始，亦可以說反躬自省乃儒家工夫之出發地，亦是前往「至善之地」之沿途風光。反躬自省，所以明善，所以擇善固執，所以明理，所以復性。不做反躬自省工夫

的，或是嘴上儒家，或只是儒家思想的研究者。

自天命說為性，自其條理說為仁義禮知，自其性質說為善，自其可操存說為心，自用心說為誠；其實是一個東西。

唯人類社會有善惡，善惡泯滅時人無異草木禽獸。有善惡與無善惡，是儒釋分界處；認不認得善為本體，是工夫分界處。

惻隱，即是存養善；羞惡，即是去除惡。戒懼，即是存養善；慎獨，即是去除惡。

陽明謂：「知善知惡是良知」。知與善相遇了，知便只是良知，在事理、倫理不在物理。

通透、光明、溫煦是工夫三段：1、光明：白光照徹。艮其背，不見其身，而仍有一我形。無物，而仍有一個內。2、通透：無內無外，唯存一知。行其庭，不見其人。無我。3、溫煦：善念薈聚。人與事唯善者能存於此。無惡。

和煦無不在，須臾不離，是孔顏之質；持之以待意，從善去惡，中根以下認取。

二曲謂「虛明寂定」，虛明寂定不出一個「知」，必得光

明、通透、溫煦，乃得。

　　格物、致知、誠意、正心、修身，若用陽明的話來說，便是：實實在在將本無不正的一片純善所知之是非，在事上檢驗並且依善而行，這就是修身。

　　陽明說「無善無惡」，是格物前的下工夫處。致知是致我心之良知，致知於意所在之事。良知的呈現，便是格物前工夫。未發一邊，是良知、性、天理、心之本體，說其為至善純善固可，因其本無不善；指其為無善無惡亦可，既然無形像方所，無人亦無事，何來善惡？進而言之，必須有無善無惡一說，否則，都是有善的四有說，不能指示學者從心體的「無」處下工夫。於無善無惡處下了工夫，待到了已發一邊，已經接物了，良知顯現，天理呈現，便格去。

　　坐中和諧舒適、身心舒態，善念最合適存在於此，保持此態即保持善念。一切惡念使人緊張，與此不容。所以靜坐中，與善相關的人事容易調適而見、而選擇。

　　求其放心，把心收進腔子裡，是入門工夫，無此不能為力。若始終把捉住一個心不放，便自限了，不能見光明。故而說求放心與放其心，乃工夫次第；到無內無外時，無求無放。

　　佛家不要人「知」，持戒而去惡從善，乃先從外禁絕之。

儒家要人「知」，先立乎其大，由本心、心之本體之知，去惡從善，使心習於善，至於無惡至善。

敬字要提撕著，但容易鬆懈，提醒時只好說：「無不敬」！善卻安詳，一旦背離安詳，即不是；故善字尤宜持續用功。

所謂本體，以其合璧謂之「心」，以其質地謂之「虛明」，以其靈覺謂之「知」，以其溫煦謂之「良知」。

所謂心之本體，以性質言，則稱善；以形體言，則無可見；以有無言，則觸處可在。

知合欲，為欲知，有善有惡；知合良，為良知，純善。欲知所發之意，良知以格之。良知護體如罩，唯善為能入。善意入，吾身得以動，是無惡，是為和。無良知護體，欲知之惡亦得入吾身，身亦動，是有善有惡之動。

「知」有學、「知」向學，而後才有學之進階。此《論語》、《中庸》所以言「知、仁、勇」，以知為先。但本心既具萬理，學的地位又何在？因未學之人，本心既被蔽，常無感於有一「仁」之可追求。為學之首要，先須「知」有「仁」的境界，「知」有辨別是非善惡之必要。此心一立，就是「立乎其大」，就是「立志」。

　　「知仁勇」：知在先，以向善識仁；仁次之，為善之本體；勇者行之。

　　知，如鏡待形，未動的意味濃；敬，有物於心，已動的意味濃。既然生敬，必對象已經在了：高山大河、廟宇殿堂、碩德高年，皆是。

　　孔子言志，「志於道」、「志於學」、「匹夫不可奪志」，皆是有「知」而後能為。此「知」乃人心的辨識功能，人而皆有，非由外鑠。故孔子有言：「擇不處仁，焉得知」（里仁）；「知及之，仁能守之」（衛靈公）。「知仁勇」三達德，「知」所以會擺在「仁」之前，正是因為體認本性心體之仁，需要有這個「知」的前提與能力。「知」是人人皆有的，但我們知道並不是人人皆欲體認仁、實踐仁，原因是許多人缺少了「志」。志加於知，才會有復性的願望。陽明說「知無不良」，說「良知」，還特別強調一個「志」字，由希聖希賢起，到體認無善無惡的一點隨機而動之靈明，堅持此一方向，所謂「志」。

　　「知」是儒釋道三家都一樣的，「志」也是儒釋道一樣的，唯儒家言「知」與「志」皆指向仁，便與釋道絕異。

　　本心，內一層；習心，外一層。心發為意，所發，習心之意也。學，乃學「立志」，打通本心之所向，然後本心之意乃

得發。本心之意發，「誠」得以用。

惻隱是柔的，羞惡是剛的，恭敬是柔的，是非是剛的。

「惻隱、羞惡、恭敬、是非」四端中，前三者與是非大不同。前三者是選擇性的發露，是非則是廣泛針對事物的兩種態度。前三者皆是情感的直接發露，是非乃理性的選擇。前三者是本心的直接流露，是非乃根據某種標準作出的判斷。是非之心，初不能如同前三者那般本能地作出反應，並不直接從本心來，乃從好惡之心來；好之乃是之，惡之乃非之。

對修習者來說，所好未必是好色，所惡未必是惡臭，所以好惡與本心之間，還有一層間隔。必要到了所好者善，所惡者惡，如同本心對於好色與惡臭的自然流露，此好惡乃得與本心一致，進而是非之心乃得與本心一致。善惡、好惡、是非，不針對一事一物，可以說是針對了萬事萬物；所以學者對於善惡的體認和辨識，需要經過由具體到抽象的修習過程。

陽明引《洪範》說：「無有作好，遵王之道；無有作惡，遵王之路」，以「無有作好作惡」解「無善無惡心之體」。從是非倒推到本心，遇事物，不要「作」好惡。換句話說，事物不臨頭，作什麼好惡呢？無好惡，說什麼善惡呢？這個「無善無惡」，是針對一切事物的，卻不可能固定在一事一物上。陽明說除田間草，草是惡，若草不在田而在窗台上，就未必是惡。所以不應該認定草是惡，但又不可遽以為就是善的，若是草雜在莊稼間呢？不因一事一物而立個善惡的普遍標準，不因

一事一物而固定其好惡之見，而要訴諸於直發於本心的善的流露。到此，自然是善非惡；到此，事不來，善惡豈非不見？如此，方可說「無善無惡心之體」。工夫正在此處做。

　　陽明說致良知，便要將無善無惡又知善知惡的良知致之於物，而據良知以是非之，完成了一個過程，是善非惡而後能存善去惡，所以陽明說「良知只是箇是非之心，是非只是箇好惡，只好惡就盡了是非，只是非就盡了萬事萬變」。

　　明道云：「百官萬務金戈百萬之眾，飲水曲肱樂在其中，萬變俱在人，其實無一事。」外面都無一事，忙閑俱在我心。好惡亦然，好惡在我心，所好所惡其實也無一事。如此看來，善惡亦非在事上。

　　善惡皆抽象，雖空無一物，而能炯炯如在；又皆具體，必因物而體現。善惡必有其不因一時一事一物移易之準的，若是因事物一時一事一物之善惡而定其善惡，是善惡在事物而不在我心。所以善惡無時無事，故不可作善作惡，是無善無惡。

　　天理無一物，無一物無天理。心體無一物，無一物不在心體。

　　明道在石壇上坐，「少頃腳踏處便濕，舉起云：便是天地升降道理」。每讀到此，感動不已。

禮者立也。仁義皆平面的，無形的；禮則立體的，有形的。故「不知禮無以立」也。

北宮黝為血氣之勇，孟施舍為心氣之勇，告子為非心之勇，曾子為義理之勇。孟子源同曾子。北宮黝認「必勝」，孟施舍認「不懼」，告子認「外求」，曾子認「自反不縮」，孟子認「養氣」。

陽明「雖聞見而不流去」，與朱子「視而不見，聽而不聞」，同一工夫過程，要在保持一個「靈明知覺」。伊川工夫也如此，只是被「已發未發」束縛住。

梨洲說「工夫所至即是本體」。致我心之良知，於事物上見天理，方顯出我心本體。梨洲之說，好處在於把本體說實了，了當了陽明前一句「致吾心良知之天理於事事物物」。譬如胃，其具消化功能而不可見，見此功能必因食物。心譬如胃，心體譬如消化功能，消化功能因食物而顯現，心體因物因事而顯現。梨洲之說所不備處，在陽明後一句「則事事物物無不各具其理」未顯，概必要見到事物之理乃可謂本體呈現。

我心的一點靈明，應當散至於萬物而見；限在一己，則如佛老。工夫越密，則觸及越多；每事皆可見天理，可見聖賢之言行；則我處處時時與先輩同在。

　　陽明愛用「透」字：「透出本體」、「格物之說未透」，透是一片溫煦波瀾不驚過濾了去，而無「我要格物」之處心，自然正得；刻意去正，靈明即不彰，所以九川說「打不作一片」。此須實做工夫方能明白。

　　非禮勿視聽言動，是氣與義合，「配義與道」，孟子浩然之氣也。養出浩然之氣，乃在事事分辨善惡上起，從善去惡，擇善固執，久之而氣乃浩然。

　　氣，是身心的合力。其心理的一面，無質可見；其生理的一面，直掛四體。

　　心在腔子裡為氣，氣離腔子為心，氣在天地為知，知歸仁義為良知。

　　本能，性也。儒家只認此不受慾望控制和影響的本能為性。

　　學者之志有三：志於學，志於善，志於聖；總稱為志於道。

　　踐履四實：敦行孝悌，崇尚氣節，變化氣質，撿攝威儀。問學四科：經學，史學，性理，文章。

有溫有潤，無聲無臭。

儒家工夫有兩途。一是孟子說的：「是集義生者，非義襲而取之也」；又說：「由仁義行，非行仁義也」；這所謂的「義襲」、「行仁義」，是在事上衡量取捨的。象山總結為：「告子之意：『不得於言，勿求於心』，是外面硬把捉的。要之，亦是孔門別派，將來也會成，只是終不然」。將來會成，是先肯定了這條路也不錯。若是論工夫，則當頭就一心在事上思量，存善去惡，好善惡惡，不間斷做這樣的工夫。象山說這條路「終不然」，是指出儒家工夫的正途在另一條，是「由仁義行」、「集義」，其工夫不在事上把捉，而在發見本心之善。

法鼓山聖嚴和尚說：「倫理、道德，對於坐禪的人是沒有用處的東西。」是他正見得此理！

儒家工夫以「求放心」為入手，以「無中生有」為標誌，以「心習於善」為知至。

國家圖書館出版品預行編目資料

儒家工夫要義

吳新成著. – 初版. – 臺北市：臺灣學生，2020.05
面；公分

ISBN 978-957-15-1827-5 (平裝)

1. 儒家 2. 儒學 3. 文集

121.207   109003863

儒家工夫要義

著　作　者　吳新成
出　版　者　臺灣學生書局有限公司
發　行　人　楊雲龍
發　行　所　臺灣學生書局有限公司
地　　　址　臺北市和平東路一段 75 巷 11 號
劃 撥 帳 號　00024668
電　　　話　(02)23928185
傳　　　眞　(02)23928105
E - m a i l　student.book@msa.hinet.net
網　　　址　www.studentbook.com.tw
登記證字號　行政院新聞局局版北市業字第玖捌壹號
定　　　價　新臺幣四〇〇元
出 版 日 期　二〇二〇年五月初版
I S B N　978-957-15-1827-5